AF762525

द कोचिंग हॅबिट कम बोलें, ज़्यादा सवाल पूछें और नेतृत्व करने का अपना तरीका हमेशा के लिए बदल डालें

डू मोर ग्रेट वर्क
के बेस्टसेलिंग लेखक

माइकल बंगे स्टेनियर

'इस पुस्तक को पढ़ें और इसका इस्तेमाल करें'
टिम फेरिस, द ४ आवर वर्क वीक के लेखक

द कोचिंग हॅबिट

कम बोलें, ज्यादा सवाल पूछें और नेतृत्व करने का अपना
तरीका हमेशा के लिए बदल डालें

माइकल बंगे स्टेनियर

प्रकाशक : वॉव पब्लिशिंग्ज़ प्रा. लि. पुणे

मुद्रक : विक्रम प्रिंटर्स प्रा. लि. पुणे

प्रथम आवृत्ती : नवंबर 2021

अनुवादक : **अभिषेक शुक्ला**

ISBN : 978-93-90607-48-8

'The Coaching Habit' **इस अंग्रेजी पुस्तक का हिंदी अनुवाद**

The Coaching Habit
by Michael Bungay Stanier

विषय सूची

बॉक्स ऑफ क्रेयॉन्स में हम व्यस्त मैनेजरों को व्यावहारिक साधन उपलब्ध कराते हैं ताकि वे सिर्फ 10 मिनट या उससे भी कम समय में अपनी टीम को कोच कर सकें।

कोचिंग हर मैनेजर और लीडर के लिए एक बुनियादी कौशल है। जब लोग कोचिंग को अपने रोज़मर्रा के काम करने का तरीका बना लेते हैं, तो उनका और उनकी टीम का साहस, एकाग्रता और लचीलापन बढ़ जाता है। इस तरह वे कम मेहनत करके भी अधिक प्रभावी साबित होने में दूसरों की (और अपनी) मदद कर पाते हैं। बॉक्स ऑफ क्रेयॉन्स के कोचिंग प्रोग्राम के बारे में और अधिक जानकारी के लिए आप BoxOfCrayons.biz पर जा सकते हैं।

आप बॉक्स ऑफ क्रेयॉन्स के कई कोचिंग प्रोग्राम खरीदना चाहते हैं? बहुत खूब। हम इसमें आपकी मदद कर सकते हैं, द कोचिंग हॅबिट को आपकी रुचि के अनुसार संशोधित कर सकते हैं और इसकी को-ब्रांडिंग भी कर सकते हैं। अधिक जानकारी के लिए हमसे orders@boxofcrayons.biz पर संपर्क करें।

सराहना

माइकल बंगे स्टेनियर ने अपने सात प्रमुख सवालों के माध्यम से कोचिंग का निचोड़ प्रस्तुत किया है। अगर आप उनकी सरल पर गहन तकनीकों में महारत हासिल कर लेते हैं, तो आपको दोहरा लाभ प्राप्त होगा। आप अधिक प्रभावशाली ढंग से अपने कर्मचारियों व सहकर्मियों का सहयोग कर सकेंगे। संभवत: आपको एहसास होगा कि आप अपने सबसे बड़े कोच बन गए हैं।

डेनियल एच. पिंक, टू सेल इज ह्यूमन और ड्राइव के लेखक

कोचिंग एक कला है पर यह उतनी आसान नहीं होती, जितनी लगती है। सलाह देने, जवाब देने या समाधान निकालने के मुकाबले सवाल पूछना कहीं ज़्यादा मुश्किल होता है। सामनेवाले को अपना रास्ता खुद ढूँढ़ने का, अपने हिस्से की गलतियाँ करने का और अपना विवेक खुद प्राप्त करने का अवसर देना बहादुरी और अतिसंवेदनशीलता, दोनों है। साथ ही इसका अर्थ दूसरों से 'सुधार करो' कहने की अपनी आदत पर लगाम लगाना भी है। इस व्यावहारिक और प्रेरक किताब में माइकल ने सात परिवर्तनकारी सवाल साझा किए हैं, जो नेतृत्व और सहयोग करने के हमारे तरीकों में सचमुच फर्क ला सकते हैं। साथ ही माइकल इस मुश्किल पहलू को समझने में हमारा मार्गदर्शन भी करते हैं कि किताब में प्रस्तुत नई जानकारियों को किस नज़रिए से देखा जाए और उन्हें अपनी आदतों व दैनिक अभ्यास में कैसे लाया जाए।

ब्रेने ब्राउन, राइजिंग़ स्ट्रॉन्ग और डेयरिंग ग्रेटली की लेखिका

एक बेहतर लीडर (नेतृत्वकर्ता) बनने के लिए आप क्या कर सकते हैं? ये पूछते हुए माइकल महत्वाकांक्षी लीडरों के लिए सात ऐसे विचारशील सवाल और उनके जवाब प्रस्तुत करते हैं, जो उनकी नेतृत्व संबंधी आदतें

बदल देंगे। इस किताब में ऐसे बहुत से व्यावहारिक, उपयोगी व रोचक सवाल, विचार और संसाधन प्रस्तुत किए गए हैं, जो बेहतर बनने की कोशिश कर रहे हर लीडर का मार्गदर्शन करेंगे।

डेव उल्रिक, द व्हाई ऑफ वर्क और द लीडरशिप कोड के सह-लेखक

माइकल की गहन समझ, हाजिर जवाबी, स्पष्टता और कोचिंग के शिल्प के प्रति समर्पण इस किताब में निखरकर सामने आता है। यह किताब हर उस व्यक्ति के लिए एक निर्देश-पुस्तिका है, जो दूसरों की सहायता करना चाहता है। इस क्षेत्र में अपने चार दशकों के अनुभव के बाद भी मुझे कोचिंग की आदत पढ़कर कई नए सबक सीखने का मौका मिला।

डेविड एलन, गेटिंग थिंग्स डन के लेखक

कोचिंग के विषय पर ऐसी किताबों की कोई कमी नहीं है, जो पाठकों के सामने बार-बार वही पुराना घिसा-पिटा वैचारिक ढाँचा प्रस्तुत करती रहती हैं। लेकिन कोचिंग की आदत उनके बीच आशा की नई किरण जैसी है। यह किताब उस व्यवहारिक ज्ञान का खज़ाना है, जो हर मैनेजर को एक कोच में तब्दील करने के शाश्वत प्रयास को छोटी-छोटी और आसान दैनिक आदतों का रूप दे देता है। अगर आप अपनी नेतृत्व क्षमता को अगले स्तर पर लेकर जाना चाहते हैं, तो आपको यह किताब ज़रूर पढ़नी चाहिए।

जेसिका एमोरटेगुई, सीनियर डायरेक्टर, लर्निंग एंड डेवलपमेंट, लॉजिटेक

कोचिंग पर ऐसी ढेरों किताबें हैं, जो आधी-अधूरी पढ़े जाने के बाद अलमारी में पड़ी धूल खाती रहती हैं। लेकिन माइकल बंगे स्टेनियर की ये किताब आपको शुरू से अंत तक बाँधे रखती हैं। पढ़ने में आसान, साहसी, स्पष्ट, सच्ची और अपनेपन से भरी ये किताब सहकर्मियों और परिवार के सदस्यों के साथ संवाद करने का आपका तरीका बदल देगी। अगर आप

कोचिंग के बारे में एक ऐसी किताब पढ़ना चाहते हैं, जो आसानी से समझ आ जाए और ज़रूरत से ज़्यादा गंभीर न हो, तो इसे ज़रूर पढ़ें।

जोएन मैक्नेली मायर्स, वाइस प्रेसिडेंट, ह्यूमन रिसोर्स, टिम हॉर्टन्स

आज के समय में कोचिंग का महत्त्व बतानेवाली किताबों, अध्ययनों और संपादकीय लेखों की भरमार है। ऐसे में ये समझना मुश्किल नहीं है कि छात्र और पेशेवर, दोनों ही उन तमाम दृष्टिकोणों, प्रणालियों और संरचनाओं से भ्रमित व अभिभूत क्यों रहते हैं, जिन्हें 'सही तरीका' बताकर उनका गुणगान किया जाता है। माइकल बंगे स्टेनियर ने अपनी इस नई किताब के माध्यम से यह भ्रम कुछ इस अंदाज़ में दूर किया है, जो न सिर्फ समझने में आसान और यथार्थवादी है बल्कि उसे प्रभावी ढंग से लागू भी किया जा सकता है। मुझे विश्वास है कि यह किताब जल्द ही पेशेवर कोचों, सीखने की चाह रखनेवाले छात्रों और आम मैनेजरों के लिए समान रूप से एक सशक्त और उपयोगी साधन के रूप में स्थापित हो जाएगी।

स्टुअर्ट क्रैब, डायरेक्टर, लर्निंग एंड डेवलपमेंट, फेसबुक

यह सिर्फ एक किताब नहीं है; यह आपके अंदर की आवाज है, एक देवदूत है, जो आपको महानता का मार्ग दिखाता है। एक शानदार कोच बनना, सिर्फ एक कौशल नहीं बल्कि उससे कहीं बढ़कर है; यह एक मानसिकता है, जीने का एक तरीका है। माइकल ने अपने पाठकों के सामने यह संदेश कलात्मक कहानियों, व्यावहारिक उदाहरणों और सिद्ध तकनीकों के जरिए प्रभावीशाली ढंग से रखा है। यह उन कोचों के लिए एक ज़रूरी किताब है, जो सचमुच फर्क लाना चाहते हैं।

सिनेड कॉन्डन, हेड, ग्लोबल परफॉरमेंस इनेबलमेंट, सीए टेक्नोलॉजीस

कोचिंग की आदत एक मजेदार, ज़ोरदार, व्यावहारिक, यादगार और वर्तमान व्यवहार विज्ञान पर आधारित किताब है। अपने कामकाज और

सहकारिता के लिए मुझे ये किताब बड़ी मूल्यवान लगी।

जेम्स स्लेज़क, एग्जिक्यूटिव डायरेक्टर, स्ट्रेटेजी, न्यूयॉर्क टाइम्स

जहाँ अन्य लोग कोचिंग के उद्देश्य और अभ्यास को जटिल बना सकते हैं, वहीं माइकल बंगे स्टेनियर महान लीडरों की इस अनिवार्य आदत पर एक व्यावहारिक और सरल दृष्टिकोण प्रदान करते हैं। उन्होंने शिष्टतापूर्ण जाँच-पड़ताल करने की कला से जुड़ी रिसर्च के बारे में स्पष्ट जानकारी दी है। साथ ही मिलजुलकर सार्थक काम करने के लिए प्रतिबद्ध कर्मचारियों के बीच एक प्रामाणिक साझेदारी को बढ़ावा देने में इस कला की भूमिका को भी बड़े ही सारगर्भित तरीके से व्यक्त किया है। कोचिंग की आदत बड़ी मजेदार किताब है, जिसने मुझे तत्काल नई आदतें अपनाने के लिए प्रेरित किया।

डाना वुड्स, सीईओ, अमेरिकन एसोसिएशन ऑफ क्रिटिकल-केयर नर्सेस

नेतृत्व का जादू दैनिक बातचीत में होता है। कोचिंग की आदत के ज़रिए माइकल बंगे स्टेनियर ने मैनेजरों को एक बेहद आसान लेकिन शक्तिशाली साधन (सिर्फ सात सवाल!) उपलब्ध कराया है ताकि उन्हें अपनी टीमों को महानता की दिशा में ले जाने के लिए हर दिन कोच करने में सहायता मिले।

एंड्र्यू कोलियर, हेड, लीडरशिप डेवलपमेंट, नेस्ले

'बहुत खूब... पर ये किताब तब कहाँ थी, जब मुझे इसकी ज़रूरत थी?' इसे पढ़ने के बाद मेरे मन में सबसे पहले यही बात आई। मैंने अपने कॅरियर में नेतृत्व और कोचिंग पर अनगिनत किताबें पढ़ी हैं, लेकिन जिस तरह माइकल बंगे स्टेनियर ने अपनी किताब में इन विषयों पर प्रकाश डाला है, वह बहुत ही कम देखने को मिलता है। मुझे चीज़ों को आसान रखने और निरंतर अभ्यास करने जैसी अवधारणाएँ सचमुच पसंद हैं क्योंकि यही

तो कोचिंग की आदत विकसित करने की कुंजियाँ हैं। जिन चीज़ों को अधिकांश लीडर जटिल मानते हैं, माइकल ने उन्हें आपके लिए सरल बना दिया है, फिर चाहे आप एक नए-नवेले लीडर हों या फिर एक अनुभवी लीडर। इसीलिए इस किताब को ज़रूर पढ़ना चाहिए।

मॉनिक बेटमैन, सीनियर वाइस प्रेसिडेंट, टीडी बैंक ग्रुप

कोचिंग की आदत व्यस्त मैनेजरों के लिए व्यावहारिक कोचिंग का सार है। न कोई अमूर्त सिद्धांत, न उबाऊ किस्से और न ही बेवजह की बातें। सिर्फ दैनिक उपयोग के लिए व्यावहारिक साधन ताकि आप 10 मिनट या इससे भी कम समय में कोच कर सकें।

मेलिसा डेमलर, हेड, लर्निंग एंड ऑर्गनाइजेशनल डेवलपमेंट, ट्विटर

माइकल बंगे स्टेनियर ने इसे बिलकुल सही पकड़ा है। हम सब आदतों पर निर्भर प्राणी हैं। हम अपना, अपने जीवन का और अपने आसपास की दुनिया का निर्माण इन आदतों से ही करते हैं। कोचिंग की आदत एक निर्देश-पुस्तिका है, जिसकी मदद से आप कोचिंग की शक्ति पर आदत की शक्ति लागू करते हुए दूसरों के साथ मिलकर और उनके जरिए भी, ज़्यादा से ज़्यादा परिणाम हासिल कर सकते हैं। आपको यह किताब सिर्फ पढ़नी ही नहीं चाहिए बल्कि इसका अभ्यास करते हुए इसे लागू भी करना चाहिए। इसे अपनी डेस्क पर रखें और अपनी कोचिंग की आदत विकसित करें।

मिशेल मिलान, सीईओ, एग्जिक्यूटिव प्रोग्राम्स, रॉटमैन स्कूल ऑफ मैनेजमेंट, टोरंटो यूनिवर्सिटी

हार्लन हॉवर्ड ने कहा था कि हर लोकगीत में तीन स्वर और सच मौजूद होता है।

यह किताब आपको सात सवाल और उनकी मदद से काम करने का ऐसा तरीका विकसित करने के साधन देती है, जिससे आप प्रतिदिन कम मेहनत करके भी अधिक प्रभावी परिणाम हासिल कर सकें।

इस किताब का उद्‌देश्य आपको एक कोच बनाना नहीं है बल्कि एक लीडर, एक मैनेजर और एक ऐसा इंसान बनाना है, जो काफी हद तक किसी कोच जैसा हो। जिसका अर्थ है, ये आसान लेकिन मुश्किल आदत विकसित करना: अपनी उत्सुकता बनाए रखना और सुझाव देने व कदम उठाने में जल्दबाजी न करना। यह एक व्यावहारिक किताब है और इसे पढ़ने में ज़्यादा समय भी नहीं लगेगा। मुझे लगता है आपको ये बहुत पसंद आएगी।

आपको कोचिंग की आदत चाहिए

अब हर कोई जानता है कि मैनेजरों और लीडरों के लिए अपने कर्मचारियों को कोच करना ज़रूरी होता है।

नेतृत्व पर प्रकाशित होनेवाली सामग्री में इस बारे में अनगिनत लेख मौजूद हैं। इस क्षेत्र के विभिन्न विशेषज्ञ और गुरु ये संकेत देते हैं कि कोचिंग नेतृत्वकर्ता का एक अनिवार्य व्यवहार है। और ऐसा लगता है, जैसे एग्जिक्यूटिव कोचों की संख्या मूर के नियम अनुसार निरंतर बढ़ती जा रही है। यहाँ तक कि डिलबर्ट (एक अमेरिकी कॉमिक स्ट्रिप) में भी कोचिंग का मज़ाक उड़ाया जा चुका है - मुख्यधारा की सफलता का इससे विश्वसनीय संकेत कोई और नहीं है।

इमोशनल इंटेलीजेंस (भावनात्मक बुद्धिमत्ता) की अवधारणा को लोकप्रिय बनानेवाले मनोवैज्ञानिक और पत्रकार डेनियल गोलमैन ने पंद्रह साल पहले हार्वर्ड बिजनेस रिव्यू में प्रकाशित अपने एक लेख 'लीडरशिप दैट गेट्स रिजल्ट्स' द्वारा इस दिशा में पहला बड़ा कदम उठाया था। गोलमैन के अनुसार, नेतृत्व की छह प्रमुख शैलियाँ हैं। इनमें से एक शैली कोचिंग भी थी और ऐसा देखा गया कि कर्मचारियों के प्रदर्शन, संगठन के सांस्कृतिक वातावरण और बॉटम लाइन (सबसे महत्वपूर्ण कारक/बैलेंस शीट का कुल अंतिम जोड़) पर इसका उल्लेखनीय सकारात्मक प्रभाव पड़ता है। पर यह सबसे कम उपयोग की जानेवाली नेतृत्व शैली थी। ऐसा

क्यों? गोलमैन लिखते हैं, 'अधिकांश लीडरों ने हमें बताया कि भारी दबाववाली वर्तमान अर्थव्यवस्था में लोगों को सिखाने और आगे बढ़ने में उनकी मदद करने जैसे धीमे और थकाऊ काम के लिए उनके पास समय नहीं है।'

और हाँ, ये सन 2000 के उस सुखद और शांतिपूर्ण समय की बात है, जब ई-मेल की सुविधा आज की तरह एक अभिशाप नहीं बल्कि एक वरदान थी। जब वैश्वीकरण अपने शुरुआती दौर में था और हम सबने अपनी आत्मा अपने स्मार्टफोन को बेची नहीं थी। इन दिनों दुनियाभर के व्यस्त मैनेजरों के साथ काम करने का मेरा अनुभव कहता है कि अगर सचमुच कुछ हुआ है, तो ये कि चीज़ें बेहतर होने के बजाय पहले से कहीं ज़्यादा बदतर हो गई हैं। हमारी मुश्किलें पहले से कहीं ज़्यादा बढ़ गई हैं। और आज जहाँ 'कोचिंग' शब्द का उपयोग काफी आम हो गया है, वहीं वास्तविक कोचिंग अब भी कम ही होती है। और जब होती भी है, तो लगता है मानों वह कारगर साबित नहीं हो रही है।

आप शायद पहले ही कोशिश करके देख चुके हैं और विफल रहे हैं

संभवत: कोचिंग से आपका सामना किसी न किसी रूप में पहले ही हो चुका होगा। लीडरशिप डेवलपमेंट फर्म ब्लेसिंग व्हाइट की 2006 की रिसर्च के अनुसार, 73 फीसदी मैनेजर किसी न किसी रूप में कोचिंग देने की ट्रेनिंग कर चुके हैं। यहाँ तक तो ठीक है। हालाँकि ऐसा लगता है कि कोचिंग देने की ये ट्रेनिंग कोई बहुत अच्छी नहीं थी। क्योंकि कोचिंग करनेवाले सिर्फ 23 फीसदी लोगों – जी हाँ, एक चौथाई से भी कम – को ही लगा कि इससे उनके प्रदर्शन और पेशेवर संतुष्टि पर कोई उल्लेखनीय प्रभाव पड़ा। दस फीसदी लोगों ने तो यहाँ तक कहा कि उन्हें जो कोचिंग मिली, उसका उन पर नकारात्मक प्रभाव पड़ रहा है। (क्या आप कल्पना कर सकते हैं कि इस तरह की मीटिंग्स में जाने पर कैसा लगता होगा?

'मैं आपके कोचिंग सत्र में हिस्सा लेकर और अधिक भ्रमित व कम प्रेरित होने के लिए उत्साहित हूँ।')

तो संक्षेप में:

संभवत: आपको बहुत प्रभावी कोचिंग नहीं मिल रही है; और संभवत: आप बहुत प्रभावी कोचिंग नहीं दे रहे हैं।

मेरा अनुमान है कि कोचिंग की आदत विकसित करने की आपकी पहली कोशिश कारगर न होने के पीछे कम से कम तीन कारण हैं। पहला कारण ये कि कोचिंग देने की जो ट्रेनिंग आपको मिली, वह संभवत: व्यावहारिक कम और सैद्धांतिक ज़्यादा थी, बहुत जटिल थी, थोड़ी उबाऊ थी और आपके व्यस्त पेशेवर जीवन की सच्चाईयों से कोसों दूर थी। यानी ऐसी ट्रेनिंग जिसके दौरान आपका ध्यान अपने ई-मेल का बैकलॉग निपटाने में लगा रहता है।

और अगर आपकी ये ट्रेनिंग रोचक भी रही हो - तो दूसरा कारण ये है - तब भी आपने यह समझने की ज़्यादा कोशिश नहीं की कि चीज़ों को नए ढंग से करने के लिए ट्रेनिंग में मिली नई अंतर्दृष्टियों पर अमल कैसे किया जाए। जब आप उस ट्रेनिंग के बाद वापस ऑफिस आए होंगे, तो यथास्थिति फिर हावी हो गई होगी, नए कदम उठाने के रास्ते में अवरोध खड़े हो गए होंगे और आप एक बार फिर उन्हीं पुराने तरीकों से काम करने लगे होंगे, जिनसे पहले करते थे।

तीसरा कारण ये है कि कम सुझाव देने और ज़्यादा सवाल पूछने का व्यवहार संबंधी बदलाव भले ही सतही तौर पर आसान नज़र आता हो, पर वास्तव में यह आश्चर्यजनक रूप से मुश्किल होता है। आप सालों से दूसरों को सुझाव देकर प्रमोशन और सराहना पाने के आदी हैं। आपको

एक ऐसे व्यक्ति के रूप में देखा जाता रहा है, जिसका योगदान सचमुच मायने रखता है। सुझाव देनेवाले की भूमिका निभाने के कारण नियंत्रण भी हमेशा आपके हाथ में रहा, जो किसी बोनस से कम नहीं था। वहीं दूसरी ओर जब आप सवाल पूछते हैं, तो हो सकता है कि आप इस बात को लेकर उतना निश्चिंत महसूस न करें कि आप सचमुच उपयोगी साबित हो रहे हैं या नहीं। हो सकता है कि आपको लगे कि इससे संवाद की गति धीमी हो गई है और शायद आपने संवाद पर अपना नियंत्रण खो दिया है (और निश्चित रूप से आप ये नियंत्रण खो भी देते हैं पर इसी को तो दूसरे का 'सशक्तिकरण' करना कहते हैं)। अब शायद इन बातों से आपको लग रहा होगा कि ये प्रस्ताव उतना भी आकर्षक नहीं है।

पर यकीन मानिए ये इतना मुश्किल भी नहीं है

मेरी कंपनी बॉक्स ऑफ क्रेयॉन्स में हमने आपके जैसे दस हज़ार से भी ज़्यादा व्यस्त मैनेजरों को व्यावहारिक कोचिंग का कौशल सिखाया है। समय के साथ हमारे सामने जो सच्चाईयाँ स्पष्ट हुईं, वे इस प्रकार हैं:

* कोचिंग आसान है। वास्तव में इस किताब में दिए गए सात प्रमुख सवाल आपको करीब-करीब वह सब कुछ उपलब्ध करा देते हैं, जिसकी आपको ज़रूरत है।
* आप किसी को 10 मिनट या उससे भी कम समय में कोच कर सकते हैं। आज की व्यस्त दुनिया में आपको 10 मिनट या उससे भी कम समय में कोच करने में सक्षम होना भी चाहिए।
* कोचिंग को एक अनौपचारिक और दैनिक गतिविधि होना चाहिए। न कि कभी-कभार होनेवाली एक औपचारिक गतिविधि कि एक दिन अचानक आकर कह दिया, 'तैयार रहना, आज कोचिंग का दिन है।'
* आप कोचिंग की आदत विकसित कर सकते हैं, लेकिन यह सिर्फ

तभी संभव होगा, जब आपके पास नई आदतें विकसित करने और उन्हें लागू करने की प्रमाणित प्रक्रियाओं की समझ होगी।

लेकिन चीज़ों को बदलने का कष्ट क्यों उठाया जाए? आखिर आप कोचिंग की आदत विकसित क्यों करना चाहेंगे?

ऐसा इसलिए करना चाहिए क्योंकि

कोचिंग का सार है, दूसरों की मदद करना और उनकी संभावनाओं को खोलना। लेकिन मुझे विश्वास है कि

आप दूसरों की सहायता करने के लिए पहले से प्रतिबद्ध हैं पर इसके बावजूद आपको ऐसा नहीं लगा कि उन्हें अक्सर कोचिंग दी जानी चाहिए

तो आइए देखते हैं कि दूसरों को कोच करने से आपको क्या लाभ प्राप्त होता है? दरअसल इससे आपको कम मेहनत में अधिक प्रभाव डालने में मदद मिलती है। जब आप अपने अंदर कोचिंग की आदत विकसित कर लेते हैं, तो आपके लिए उन तीन दुश्चक्रों से बाहर आना आसान हो जाता है, जो हमारे कार्यस्थल को सबसे ज़्यादा प्रभावित करते हैं: आप पर दूसरों की अत्यधिक निर्भरता, बुरी तरह परेशान होना और काम से कट जाना।

पहला दुष्चक्रः आप पर दूसरों की अत्यधिक निर्भरता

हो सकता है, आपको एहसास हो कि आपकी टीम आप पर कुछ ज़्यादा ही निर्भर रहती है। यह आपके लिए दोहरी मार जैसा है। पहले तो आपने अपनी टीम को इसके लिए प्रशिक्षित किया है कि वे आप पर अत्यधिक निर्भर रहें। यह ऐसी स्थिति है, जिसमें वे अशक्त और आप परेशान हो जाते हैं। फिर एक अनचाही चीज़ ये है कि चूँकि आप उनके

अंदर यह निर्भरता पैदा करने में सफल रहे हैं, इसलिए अब आपके ऊपर काम का ज़रूरत से ज़्यादा बोझ आ गया है। संभवत: इसीलिए आप व्यवस्था के सशक्तिकरण की प्रक्रिया में एक रोड़ा भी बन जाते हैं। इससे हर किसी की गति और प्रेरणा कम हो जाती है। फिर आप अपने लोगों की जितनी सहायता करते हैं, उन्हें आपकी सहायता की उतनी ही ज़्यादा ज़रूरत पड़ने लगती है। उन्हें सहायता की जितनी ज़्यादा ज़रूरत पड़ती है, आपको उनकी सहायता करने में उतना ही ज़्यादा समय खर्च करना पड़ता है।

कोचिंग की आदत विकसित करने से आपकी टीम को और अधिक आत्मनिर्भर बनने में मदद मिलेगी। टीम की स्वायत्तता और महारत की भावना बढ़ाकर और खुद बीच में आकर चीज़ों का नियंत्रण हाथ में लेने की ज़रूरत को घटाकर आप सशक्तिकरण की प्रक्रिया में रोड़ा बनने से भी बच जाएँगे।

दूसरा दुश्चक्र : बुरी तरह परेशान होना

हो सकता है कि आपके पास इतना ज़्यादा काम आ गया हो कि उसके बोझ से आप बुरी तरह परेशान हो गए हों। फिर इस बात से कोई फर्क नहीं पड़ता कि आपने उत्पादकता बढ़ानेवाली दुनिया की सारी युक्तियों में महारत हासिल कर रखी हो; आप जितना ज़्यादा काम करेंगे, आपके ऊपर काम का दबाव उतना ही ज़्यादा बढ़ेगा। जैसे-जैसे आप हर दिशा में कदम बढ़ाते हुए अपनी ढेर सारी प्राथमिकताएँ तय करेंगे, लगातार एक मीटिंग से दूसरी मीटिंग की ओर भागते हुए अपनी जिम्मेदारियाँ निपटाएँगे और लगातार आनेवाले ढेरों ई-मेल बार-बार आपका ध्यान भटकाएँगे तो जल्द ही एक समय ऐसा आएगा जब आप कहीं फोकस नहीं कर पाएँगे। आपका फोकस जितना कम होगा, आप उतने अधिक परेशान होंगे और आप जितना परेशान होंगे, आपका फोकस उतना ही कम होता जाएगा।

कोचिंग की आदत विकसित करने से आपको अपना फोकस वापस पाने में मदद मिलेगी ताकि आप व आपकी टीम वह कार्य कर सकें, जो सचमुच मायने रखता है। और आप अपने समय, ऊर्जा और संसाधनों को उन चुनौतियों से निपटने की ओर केंद्रित कर सकें, जिनसे सचमुच फर्क पड़ता है।

तीसरा दुश्चक्रः काम से कट जाना

आखिरकार हो सकता है कि आप उस काम से कट जाएँ, जो सचमुच मायने रखता है। मेरी पिछली किताब 'डू मोर ग्रेट वर्क' के पीछे मूल सिद्धांत यही था कि सिर्फ काम पूरा करना काफी नहीं होता। बल्कि आपको ज़्यादा से ज़्यादा वह काम करने में लोगों की मदद भी करनी होगी, जो सार्थक हो और जिससे सचमुच फर्क पड़ता हो। बिना किसी वास्तविक उद्देश्य के हम जो काम जितना ज़्यादा करते हैं, हमारी प्रेरणा और जुड़ाव उतना ही कम होता है और हमारा जुड़ाव जितना कम होता है, ग्रेट वर्क (महान काम) करने की हमारी संभावना उतनी ही कम हो जाती है।

कोचिंग की आदत विकसित करने से आपको और आपकी टीम को उस काम से दोबारा जुड़ने में मदद मिलेगी, जिससे न सिर्फ सचमुच फर्क पड़ता है बल्कि जो सार्थक भी है। कोचिंग से लोगों को अपने उस संकुचित दायरे से बाहर निकलने का साहस मिलता है, जहाँ उनके लिए सब कुछ आसान और जाना-पहचाना होता है। कोचिंग के जरिए लोगों को न सिर्फ अपने अनुभवों से सीखने में मदद मिलती है बल्कि अपनी संभावनाओं का दोहन करना और उनमें बढ़ोत्तरी करना भी आसान हो जाता है।

तो दरअसल इस तरह आप सारी बाधाओं, कठिनताओं और निराशाओं का सामना करते हैं। सच तो ये है कि कोचिंग की आदत

विकसित करना, बेहतर ढंग से काम करने की ओर अपने कदम बढ़ाने का एक तरीका है।

> **लोग जिसे खोज का निर्णायक क्षण मान बैठते हैं,**
> **वह वास्तव में सवाल की खोज होना है।**
>
> **- जोनस सॉल्क**

सात प्रमुख सवाल

इस किताब के केंद्र में वे सात सवाल हैं, जो आपको इन तीन दुश्चक्रों से बाहर निकालेंगे और काम करने के आपके तरीके बेहतर बनाएँगे। ये सातों सवाल न सिर्फ आपकी रिपोर्टों के साथ बल्कि ग्राहक, सप्लायर, बॉस, सहकर्मी और यहाँ तक कि (कभी-कभी, पर इसकी कोई गारंटी नहीं है) जीवनसाथी और किशोर बच्चों के साथ भी कारगर रहते हैं। इन सवालों में कायापलट करने की क्षमता है, फिर चाहे आपके साप्ताहिक चेक-इन हों, वन-टू-वन मीटिंग हो, टीम मीटिंग हो, आपकी सेल्स मीटिंग हो या फिर (खासतौर पर) ऐसे मौके, जब बिना किसी औपचारिक मीटिंग के, आप अचानक किसी से टकरा जाएँ और उनसे आपकी बातचीत होने लगे।

शुरुआती सवाल (किकस्टार्ट क्वेश्चन) किसी भी बातचीत को इस तरह शुरू करने का एक तरीका है, जो केंद्रित हो और जिसमें खुलापन हो। 'और कुछ' सवाल (ए डब्ल्यू ई क्वेश्चन) - दुनिया में कोचिंग का सर्वश्रेष्ठ सवाल - आपके लिए स्व-प्रबंधन के साधन के तौर पर और यहाँ प्रस्तुत बाकी छह सवालों के लिए प्रोत्साहक के तौर पर काम करता है। ध्यान केंद्रित करने का सवाल (फोकस क्वेश्चन) और बुनियादी सवाल (फाउंडेशन क्वेश्चन) दोनों ही चुनौती के केंद्र में जाने से संबंधित हैं ताकि

आप अपना ध्यान उस चीज़ पर केंद्रित कर सकें, जो सचमुच मायने रखती है। आलसी सवाल (लेज़ी क्वेश्चन) आपका बहुत सारा समय बचाएगा। जबकि रणनीतिक सवाल (स्ट्रेटर्जिक क्वेश्चन) आपके साथ काम करनेवालों का समय बचाएगा। फिर आता है सीखने का सवाल (लर्निंग क्वेश्चन) है, जो शुरुआती सवाल (किकस्टार्ट क्वेश्चन) का विपरीत छोर है। यह सातवाँ सवाल सुनिश्चित करता है कि आपके साथ होनेवाला संवाद सामनेवाले के लिए उपयोगी हो।

तो शुरू करें?

क्या आप तैयार हैं? मुझे यकीन है कि आप इन सात प्रमुख सवालों के बारे में विस्तार से जानने के लिए उत्सुक हैं, पर उससे पहले हम संक्षिप्त में जानेंगे कि अपना व्यवहार कैसे बदला जाए। आपको उपयोगी साधन देने का तब तक कोई लाभ नहीं है, जब तक कि आप उनका उपयोग न कर सकें। अगला अध्याय, जो नई आदत के फार्मूले पर आधारित है, इस मामले में आपकी सहायता करेगा। इसमें आप सीखेंगे कि किसी नई आदत का शुरुआती बिंदु एक नया व्यवहार क्यों नहीं होता, साठ सेकेंड इतने महत्वपूर्ण क्यों हैं और नई आदत का फार्मूला आपके लिए केंद्रित व्यवहार परिवर्तन का साधन कैसे बन सकता है।

आदत कैसे बनाएँ

इसमें हम इंटरनेट पर पाए जानेवाले झूठ और मिथकों पर निर्भर रहने के बजाय, व्यवहार में बदलाव लाने के असली विज्ञान का खुलासा करेंगे

इस किताब के केंद्र में जो व्यवहार का बदलाव है, वह कुछ इस प्रकार है: लोगों से ज़्यादा सवाल पूछना और उन्हें ये कम बताना कि उन्हें क्या करना चाहिए। लेकिन आसान होने का अर्थ ये नहीं है कि ये आपके बाएँ हाथ का खेल है और कोई भी सिद्धांत तब तक किसी काम का नहीं होता, जब तक आपको ये न पता हो कि उसे व्यवहार में कैसे लाना है। तो हमें कौन सा बदलाव लाना है, ये देखने से पहले हमें ये समझना होगा कि बदलाव कैसे लाया जा सकता है।

आप पहले से ही जानते हैं कि व्यवहार के पुराने तरीकों को बदलना मुश्किल होता है, भले ही उस बदलाव के पीछे आपके इरादे कितने भी नेक हों। या फिर सिर्फ मैं ही इकलौता ऐसा व्यक्ति हूँ जिसने :

* ये कसम खाई कि अपनी सुबह की शुरुआत ई-मेल चेक करके नहीं करूँगा, फिर भी आधी रात को खुद को मोबाइल पर ई-मेल चेक करते पाया;
* मानसिक शांति के लिए अनुशासनपूर्वक ध्यान करने का निर्णय लिया, लेकिन जमीन पर बैठकर, आँखें बंद करके साँस लेने के लिए सिर्फ पाँच मिनट का समय भी नहीं निकाल पाया;

* यह प्रतिज्ञा ली कि हर रोज दोपहर में ब्रेक लूँगा ताकि शांति से बैठकर लंच कर सकूँ, पर खुद को काम के बीच में अपनी डेस्क पर ही सैंडविच खाते हुए और फिर की-बोर्ड पर गिरे ब्रेड के छोटे-छोटे महीन टुकड़ों को साफ करते हुए पाया;
* कुछ समय के लिए शराब से परहेज का निर्णय लिया, लेकिन दिन के अंत में ऑस्ट्रेलियन शिराज़ वाइन से भरा हुए गिलास अपने हाथ में पाया।

अगर आपको ड्यूक यूनिवर्सिटी की एक रिसर्च के बारे में पता है, तो ये सब आपको ज़्यादा आश्चर्यजनक नहीं लगेगा। इस रिसर्च के अनुसार, जागते समय हमारा कम से कम 45 फीसदी व्यवहार आदतन होता है। हालाँकि हमें लगता है कि सारा नियंत्रण हमारे हाथों में है, लेकिन वास्तव में ऐसा नहीं है। हम अपनी चेतन अवस्था में कैसा व्यवहार करेंगे, इसका पूरा नियंत्रण हमारे पास नहीं होता। क्योंकि हम अपने अवचेतन या अचेतन मन द्वारा संचालित हो रहे होते हैं। यह आश्चर्यजनक बात है और साथ ही थोड़ा परेशान करनेवाली भी।

अपने व्यवहार को कैसे बदलें, इस बारे में हमेशा से ही बहुत सारी जानकारियाँ उपलब्ध रही हैं। अगर इस बात को और सटीक शब्दों में कहें, तो गलत सूचनाओं का पूरा जंगल है, जो हर साल उस समय और ज़्यादा हरा-भरा हो जाता है, जब हर कोई नए साल के मौके पर तरह-तरह के संकल्प ले रहा होता है। आपने सुना होगा कि अगर आप किसी चीज़ को 21 दिनों तक करें, तो वह आपकी आदत बन जाती है। जबकि इसमें कोई सच्चाई नहीं है। ये किसी मसखरे की कल्पना मात्र है, लेकिन अब ये बात इंटरनेट पर किसी ज़ॉम्बी की तरह मौजूद है, जो खत्म होने का नाम नहीं ले रही है।

खुशी की बात ये है कि न्यूरोसाइंस (तंत्रिका विज्ञान) और बिहेवियरल

इकोनॉमिक्स (व्यवहारवादी अर्थशास्त्र) पर आधारित ऐसे ठोस निष्कर्षों में वृद्धि हुई है, जिन्होंने पिछले कुछ सालों में एक स्पष्ट रास्ता बनाने में मदद की है। एक प्रभावी नई आदत विकसित करने के लिए आपको पाँच प्रमुख घटकों की ज़रूरत होती है: कारण, ट्रिगर, सूक्ष्म-आदत, प्रभावी अभ्यास और योजना।

एक शपथ लें

भला आप अपने काम करने का तरीका बदलने जैसा मुश्किल कदम क्यों उठाएँगे? इसीलिए आपके सामने यह स्पष्ट होना चाहिए कि अपने पुराने व्यवहार को बदलने से आपको क्या लाभ होगा, ऐसा व्यवहार जो आपके लिए न सिर्फ आम है बल्कि जिसमें आप कुशल भी हैं (आपकी कुशलता का अर्थ व्यवहार का प्रभावी होना नहीं है)। मजे की बात ये है कि यहाँ स्पष्टता का अर्थ अपनी सफलता की कल्पना करना नहीं है। रिसर्च कहती है कि अगर आप परिणाम की कल्पना करने में ज़रूरत से ज़्यादा समय बिताएँगे, तो उस परिणाम को हासिल करने के लिए आप जो ज़रूरी कदम उठाना चाहेंगे, उसके लिए आपका उत्साह कम हो जाएगा। अपनी किताब 'जेऩ हैबिट्स: मास्टरिंग द आर्ट ऑफ चेंज' में लेखक लिओ बाबोटा ने दूर की सोच से जुड़ने का ऐसा तरीका बताया है, जो सचमुच सहायक हो सकता है। वे एक शपथ लेने की बात करते हैं, जो दूसरों की सेवा करने से जुड़ी हो। लिओ ने अपनी पत्नी और नवजात बेटी के प्रति अपनी प्रतिबद्धता जाहिर करने के लिए धूम्रपान की आदत छोड़ दी। तो ये सोचने के बजाय कि कोई नई आदत आपके लिए क्या कर सकती है, ये सोचें कि वह आदत किसी ऐसे व्यक्ति के लिए कैसे सहायक हो सकती है, जिसकी आप सचमुच परवाह करते हैं।

अपने ट्रिगर का पता लगाएँ

चार्ल्स डुहिग की किताब 'द पावर ऑफ हैबिट' पढ़कर जो प्रमुख

अंतर्दृष्टि मिलती है, वह इस प्रकार है: अगर आप नहीं जानते कि आपके पुराने व्यवहार को कौन सी चीज ट्रिगर करती है, तो आप उस व्यवहार को कभी नहीं बदल पाएँगे। क्योंकि आपको पता चले, इससे पहले ही आप वह व्यवहार कर चुके होंगे। आप जितनी स्पष्टता से व्यवहार के ट्रिगर होने के क्षण का पता लगाएँगे, यह जानकारी आपके लिए उतनी ही उपयोगी साबित होगी। उदाहरण के लिए, 'टीम की मीटिंग में' ऐसा ट्रिगर तब अधिक उपयोगी होगा, जब यह इतना स्पष्ट होगा कि 'जब मुझे टीम की मीटिंग में आने के लिए कहा जाएगा।' यह तब और भी अधिक उपयोगी बन जाएगा, जब यह कुछ इस प्रकार से होगा, 'जब टीम की मीटिंग में जेनी अपने आइडिया पर मुझसे फीडबैक माँगेगी।' इस प्रकार की स्पष्टता रखने से आपको एक नई और मज़बूत आदत विकसित करने का शुरुआती बिंदु मिल जाएगा।

स्पष्ट और संक्षिप्त रखें

अगर आप अपनी नई आदत को एक अमूर्त या अस्पष्ट तरीके से परिभाषित करते हैं, तो कोई लाभ नहीं होगा। अगर इसे करने में बहुत अधिक समय लगता है, तो आपका शक्तिशाली दिमाग आपके अच्छे इरादों को कमजोर करने का कोई न कोई रास्ता ज़रूर ढूँढ़ लेगा। tinyhabits.com पर बी.जे. फॉग के कार्य से ये स्पष्ट होता है कि आपको अपनी नई आदत को ऐसी सूक्ष्म-आदत के तौर पर परिभाषित करना चाहिए, जिस पर अमल करने में 60 सेकेंड से ज़्यादा समय न लगे। यह दरअसल पहले या दूसरे चरण में पूर्ण स्पष्टता लाने की कोशिश है, जो आपको और बड़ी आदत की दिशा में ले जा सकती है। स्पष्ट और संक्षिप्त दिशा-निर्देश इस किताब के मामले में खासतौर पर कारगर हैं क्योंकि इसमें दिए गए सातों प्रमुख सवाल ऐसे ही हैं।

गहनता से अभ्यास करें

लेखक डैन कॉएल ने अपनी पहली किताब 'द टैलेंट कोड' के लिए इस विषय पर रिसर्च की कि दुनिया के कुछ हिस्से, कुछ विशेष कौशलों के लिए प्रतिभा का गढ़ क्यों माने जाते थे। जैसे - ब्राजील: फुटबॉल के लिए, मॉस्को: महिला टेनिस के लिए, न्यूयॉर्क: म्यूजिक के लिए (जैसे जूलियार्ड स्कूल)। ये तीनों स्थान प्रतिभा का गढ़ थे और इसके पीछे एक विशेष कारक जिम्मेदार था - इस बात की समझ कि अच्छा अभ्यास कैसे करना है - कॉयल इसे 'गहन अभ्यास' का नाम देते हैं। गहन अभ्यास के तीन घटक होते हैं, जो इस प्रकार हैं :

* किसी बड़े एक्शन के छोटे-छोटे हिस्सों का अभ्यास करना। (उदाहरण के लिए पूरी टेनिस सर्विस का अभ्यास करने के बजाय आप सिर्फ गेंद को ऊपर उछालने का अभ्यास करते हैं।)
* दोहराव, दोहराव और दोहराव... और दोहराव। इसे तेजी से करें, धीमी गति से करें, अलग-अलग तरीके से करें। लेकिन एक्शन को दोहराते रहें।
* और अंत में, सावधान रहना और इस बात पर गौर करना कि ये कब अच्छी तरह हो रहा है। जब ये अच्छी तरह हो, तो इस सफलता का जश्न मनाएँ। पर इसके लिए आपको मोएट शैम्पेन की बोतल खरीदने की ज़रूरत नहीं है, हालाँकि अगर आप चाहें, तो ऐसा कर भी सकते हैं। सफलता का जश्न मनाने के लिए अपनी मुट्ठी बाँधकर हवा में लहराना भी काफी है।

कृपया अपने अगले पत्र में मुझे कोई अच्छी सलाह दें। मैं वादा करता हूँ कि उसे नहीं मानूँगा।

- एडना सेंट विंसेट मिले

सही रास्ते पर वापस आने की योजना बनाएँ

जब आप ठोकर खाते हैं – ठोकरें हर किसी को खानी पड़ती हैं – तो हार मान लेना बहुत आसान होता है। 'मैं बाकी का केक भी खा सकता हूँ क्योंकि मैं केक की एक स्लाइस तो खा ही चुका हूँ।' अपनी किताब मेकिंग 'हैबिट्स, ब्रेकिंग हैबिट्स' में जेरेमी डीन इस वास्तविकता का सामना करने में हमारी मदद करते हैं कि आदत विकसित करने की कोशिश में हम पूर्णता हासिल नहीं कर पाएँगे। ये तय है कि किसी न किसी दिन कोई ऐसा पल ज़रूर आएगा, जब हम चूक जाएँगे। इसलिए आपको यह जानने की ज़रूरत है कि जब ऐसा हो, तो क्या करना चाहिए। एक लचीले सिस्टम के पास विफलताओं से निपटने का तरीका ज़रूर होता है ताकि जब भी कोई चूक हो या कुछ टूटे तो उसे बचाने और वापस बहाल करने का चरण बिलकुल स्पष्ट हो। इसलिए अपनी आदत को एक लचीले सिस्टम के रूप में विकसित करें।

हर चीज़ सुनियोजित करें: नई आदत का फॉर्मूला

बॉक्स ऑफ क्रेयॉन्स की कोचिंग-कौशल वर्कशॉप में हम विशेष आदतों को परिभाषित करने और उनके प्रति प्रतिबद्ध बनने में प्रतिभागियों की मदद करने पर केंद्रित रहे हैं। (बजाय ऐसे एक्शन के बारे में बताने के, जिन्हें कम ही लोग व्यवहार में लाते हैं।) इस मामले में लोगों की मदद करने के लिए हमने उपरोक्त अंतर्दृष्टियों से काफी कुछ लिया और फिर वास्तविक दुनिया में लागू कर उनका परीक्षण करने के बाद नई आदत का फार्मूला तैयार किया: अपने मनचाहे नए व्यवहार को स्पष्ट करने और शुरू करने का एक आसान, सीधा और प्रभावी तरीका।

इस फॉर्मूले के तीन भाग हैं: ट्रिगर की पहचान करना, पुरानी आदत की पहचान करना और नए व्यवहार को परिभाषित करता। यह कुछ इस तरह काम करता है :

ट्रिगर की पहचान करना : जब ऐसा होता है...

जब आप किसी दोराहे पर हों और आपके पास दो विकल्प हों, पहला व्यवहार का पुराना व जाना-पहचाना तरीका और दूसरा रॉबर्ट फ्रॉस्टवाला कम जाना-पहचाना तरीका, तो उसी क्षण अपना ट्रिगर परिभाषित कर लें। अगर आप इस क्षण को नहीं पहचानेंगे, तो लगातार इससे चूकते जाएँगे और इस तरह अपने व्यवहार को बदलने का अवसर भी गँवा देंगे।

आप इसे जितना स्पष्ट बनाएँगे, उतना ही बेहतर होगा। चार्ल्स डुहिग कहते हैं कि ट्रिगर सिर्फ पाँच प्रकार के होते हैं : स्थान, समय, भावनात्मक अवस्था, लोग और हाल ही में हुआ पिछला एक्शन। आप देख सकते हैं कि अपना ट्रिगर परिभाषित करने के लिए इनमें से किसी का भी उपयोग किया जा सकता है। उदाहरण के लिए एक ट्रिगर ये हो सकता है कि 'जब मैं अपनी साप्ताहिक मीटिंग में (समय) बॉब के साथ (लोग) हताश महसूस करता हूँ (भावनात्मक अवस्था) क्योंकि वह कहता है कि वास्तव में मैंने इसके बारे में सोचा ही नहीं (एक्शन)।'

पुरानी आदत की पहचान करना : इसके बजाय...

पुरानी आदत को स्पष्ट करें ताकि आपको पता हो कि आप क्या रोकने की कोशिश कर रहे हैं। एक बार फिर से कह दूँ कि आप इसे जितना स्पष्ट बनाएँगे, यह आपके लिए उतना ही बेहतर रहेगा। उदाहरण के लिए (और उपरोक्त उदाहरण को जारी रखते हुए)- मैं बॉब से पूछता हूँ, 'क्या तुमने फलाँ चीज़ के बारे में सोचा?' और अपने मन में उठते नाराजगी भरे विचारों के बीच यह उम्मीद करता हूँ कि वह मेरा इशारा समझ जाएगा, जिसे मैंने एक छद्‌म प्रश्न के रूप में उसके सामने रखा।

नए व्यवहार को परिभाषित करना : मैं करूँगा...

नए व्यवहार यानी उस व्यवहार को परिभाषित करें, जिस पर अमल

करने में 60 सेकेंड या उससे भी कम समय लगता हो। हम जानते हैं कि आप इस किताब के माध्यम से व्यवहार में जो बुनियादी बदलाव लाना चाहते हैं, वह है कम सलाह देना और अधिक जिज्ञासा दिखाना। सात प्रमुख सवालों की एक बढ़िया बात, जो आपके सामने जल्द ही आएगी, वह ये है कि आप इनमें से हर सवाल को साठ सेंकेंड या उससे भी कम समय में पूछ सकते हैं।

तो अपने उदाहरण को समाप्त करते हुए, मैं बॉब से पूछूँगा, 'तो अब तुम्हारे पास कौन सा आइडिया है?'

प्रत्येक सवाल पर केंद्रित अध्याय के अंत में मैं आपसे उस सवाल पर आधारित अपनी एक आदत विकसित करने को कहूँगा। हम इन अवधारणाओं पर वापस विचार करते रहेंगे और आपको हर सवाल के कुछ सच्चे उदाहरण देंगे ताकि आप देख सकें कि नई आदत का फॉर्मूला और सात प्रमुख सवाल वास्तविक दुनिया में किस प्रकार काम करते हैं।

कोचिंग की आदत विकसित करने के बारे में अंतिम शब्द

ये आसान है भी और नहीं भी। अपने व्यवहार को बदलना मुश्किल होता है और किसी चीज़ को अलग ढंग से करने के लिए साहस की ज़रूरत होती है। और जब पहली कोशिश कारगर नहीं होती (इस मामले में भी ऐसा ही होगा) तो उसे जारी रखने के लिए लचीलेपन की ज़रूरत होती है। बदलाव का नियम है कि जैसे ही आप कुछ नया करने की कोशिश करते हैं, आपको किसी न किसी किस्म के प्रतिरोध का सामना करना पड़ता है और फिर एक मशहूर अमेरिकी टीवी धारावाहिक डिफरेंट स्ट्रोक्स की शैली में आपसे पूछा जाता है, 'तुम किस बारे में बात कर रहे हो, विलिस?' इस प्रतिरोध का सामना करने के लिए निम्न सुझावों का पालन करें :

* **आसान शुरुआत करें।** अगर आप किसी का प्रबंधन अलग ढंग से करने जा रहे हैं, तो किसी ऐसे व्यक्ति का चुनाव करें जो इसके लिए पूरी तरह तैयार हो और आपके लिए कोई परेशानी खड़ी न करे। या फिर किसी ऐसे व्यक्ति का चुनाव करें, जिसके साथ आपका मामला पहले ही इतना गड़बड़ हो कि आपके पास खोने के लिए कुछ न हो।

* **छोटी शुरुआत करें।** किताब में दिए गए सारे विचारों को किसी भी मामले में एक साथ शामिल करने के चक्कर में न पड़ें। बस किसी छोटी सी चीज़ से शुरुआत करें और उसमें महारत हासिल करने की कोशिश करें ताकि वह आपकी 'नस-नस में समा जाए।' इसके बाद अगली चीज़ की ओर बढ़ जाएँ।

* **दोस्त बनाएँ।** व्यवहार में बदलाव लाने और अच्छे व्यवहार को स्थापित करने के लिए मेरे पास कुछ महत्वपूर्ण लोगों का एक सपोर्ट सिस्टम है। इसमें एक कोच और एक मास्टरमाइंड समूह शामिल है, जो साप्ताहिक संपर्क रखता है और दो सप्ताह में एक बार फोन पर संपर्क करता है; एक और मास्टरमाइंड समूह है, जो हर तीन महीने में संपर्क करता है; और मेरे आईफोन में मौजूद आदतों से जुड़े तीन एप भी हैं। साथ ही मैं इस विषय पर अच्छी जानकारी भी रखता हूँ। तो इसी तरह आप भी किसी दोस्त या सहकर्मी को अपने साथ जोड़ें और इस मामले में एक-दूसरे का संपर्क बनें, एक-दूसरे को प्रोत्साहित करें, मिलकर अभ्यास करें और सफलताओं का जश्न मनाएँ।

* **वापस सही रास्ते पर लौटें।** आदत छूट जाएगी और हमेशा कारगर भी नहीं रहेगी। जब आप सीखना शुरू करेंगे, तो उस अवस्था में आपको थोड़ा अजीब भी लगेगा। इस अवस्था को 'सचेत अक्षमता' (जो थोड़ा अपमानजनक पर एकदम सटीक है) कहा जाता है। लेकिन

विचारपूर्वक ढंग से नियमित अभ्यास करके आप 'सचेत सक्षमता' की अवस्था में पहुँच सकते हैं, जो वास्तव में कहीं ज़्यादा सुखद अवस्था होगी।

बदलाव का एक नियम: जैसे ही आप कुछ नया करने की कोशिश करते हैं, आपको प्रतिरोध का सामना करना पड़ता है।

दार्शनिक पर ध्यान दें

ओविड ने कहा था: 'आदत से ज़्यादा मज़बूत कुछ नहीं है।' यह एक अच्छी खबर भी है और बुरी खबर भी। बुरी खबर इसलिए क्योंकि आपका जीवन बड़ी आसानी से ऐसी प्रतिक्रियाओं का एक समूह बन सकता है, जिन्हें आदर्श प्रतिक्रियाएँ नहीं कहा जा सकता। अच्छी खबर इसलिए क्योंकि अब चूँकि आप आदतों की रूपरेखा और प्रक्रिया को समझते हैं इसलिए अब आप सफलता के लिए अपनी व्यक्तिगत संरचना का निर्माण कर सकते हैं। विंस्टन चर्चिल ने एक बार कहा था कि 'हम अपनी इमारतों को आकार देते हैं; और फिर वे हमें आकार देती हैं।' हम अपनी आदतों के दायरे में रहते हैं। तो आप जिस तरीके से नेतृत्व करना और कोचिंग की आदतें विकसित करना चाहते हैं, उस तरीके को आकार दें।

आपकी ये नई आदतें उस चीज़ से शुरू हो सकती है, जो आप लोगों से सबसे पहले पूछते हैं – अगला अध्याय भी इसी के बारे में है।

सवाल की मास्टरक्लास भाग 1

एक बार में एक ही सवाल पूछें

सवाल की मास्टरक्लास के सबक पूरी किताब में आते रहेंगे। उन पर नज़र रखें और सात प्रमुख सवालों का भरपूर उपयोग सुनिश्चित करने के लिए उन्हें लागू करें।

मेरे दोस्त और इन 'परस्यूट ऑफ एलिगेंस' एवं 'द लॉज़ ऑफ सबट्रैक्शन' जैसी किताबों के लेखक मैट मे एक किस्सा बताते हैं, जब वे पहली बार पेरिस के केंद्र से गुज़रे थे। मशहूर स्मारक आर्क डी ट्रौम्फ के चारों ओर स्थित गोल सड़क पर ट्रैफिक के साथ चलते हुए मैट ने गौर किया कि इसका घुमाव किसी आम गोल सड़क जैसा नहीं है।

बारह अन्य सड़कें आकर इस गोल सड़क से जुड़ती हैं, जिसके चलते ट्रैफिक के सामान्य नियम यहाँ आकर बिलकुल उलट जाते हैं। गोल सड़क की ओर आ रहा सारा ट्रैफिक दाईं ओर रहता है। जबकि उसी समय गोल सड़क पर मौजूद ट्रैफिक वहाँ से आगे बढ़ने के लिए अपनी बारी आने का इंतजार कर रहा होता है। हालाँकि यह पूरा सिस्टम हमेशा ठीक से काम करता है – ये फ्रेंच लोग सचमुच पागल होते हैं! – पर पेरिस की इस गोल सड़क पर गाड़ी चलाने का मैट का अनुभव सचमुच दहशत भरा था क्योंकि उसे हर तरफ से ढेरों गाड़ियाँ अपनी ही ओर आती दिखाई दे रही थीं।

कभी-कभी ढेर सारे सवाल पूछनेवाले व्यक्ति का सामना करना ठीक वैसा ही होता है, जैसा पेरिस की इस गोल सड़क पर गाड़ी चलाना।

आपसे लगातार सवाल पूछे जा रहे होते हैं और उनका जवाब देने के लिए आपको पर्याप्त समय तक नहीं मिल रहा होता, जिसके चलते आप चकित व भ्रमित महसूस करने लगते हैं।

कुछ लोग इसे सवाल पूछने का ड्राइव-बाई तरीका कहते हैं। यह ऐसा तरीका है, जिसमें एक सहज और स्वाभाविक बातचीत के बजाय अप्रिय पूछताछ का भाव होता है।

एक बार में एक ही सवाल पूछें।
सिर्फ एक सवाल।

ये रही आपकी नई आदत

जब ऐसा हो...

मेरे एक सवाल पूछने के बाद...

तो बजाय ये करने के...

एक और सवाल पूछना। फिर शायद एक और सवाल। और इसके बाद एक और सवाल। क्योंकि आखिर ये सब अच्छे सवाल हैं और मैं इनका जवाब जानने के लिए सचमुच बड़ा उत्सुक हूँ...

मैं ये करूँगा...

सिर्फ एक सवाल पूछना। (और फिर चुप हो जाना, उसका जवाब मिलने का इंतजार करना।)

शुरुआती सवाल

इसमें आपको उस पहले सवाल की शक्ति का एहसास होगा, जिससे बातचीत तेजी से शुरू होकर गहनता की ओर जाती है

स्थिति को सहज बनाकर बातचीत शुरू करना

पहली पंक्ति अच्छी हो, तो बहुत फर्क पड़ता है। जैसे 'बहुत पुरानी बात है, एक बार...' या 'एक समय की बात है, जब मैं...।'

अपनी टीम को ज़्यादा कोच न करने के पीछे एक कारण ये भी होता है कि अधिकांश मैनेजरों को ये पता ही नहीं होता कि वे इसकी शुरुआत कैसे करें। एक आम सोच यह है कि अगर अभी मेरा काम चल रहा है, तो फिर परेशानी की कोई बात नहीं है। लेकिन आपका काम कैसे चलता है? अगर आप किसी ऐसी बातचीत के दौरान अटक जाते हैं, जो ज़रा बनावटी, उबाऊ या अनुपयोगी लग रही हो, तो इसके पीछे ये तीन चीज़ें हो सकती हैं: हल्की-फुल्की गपशप, रटा-रटाया एजेंडा, पहले से तय मूल्यांकन।

हल्की-फुल्की गपशप

याद रखें, हल्की-फुल्की गपशप की अपनी एक उपयोगिता होती है। दरअसल ये किसी व्यक्ति के साथ कुछ ही मिनटों में सहज होने और जुड़ने, रिश्ते बनाने और सामनेवाले की मानवीयता याद रखने व उन्हें

अपनी मानवीयता याद दिलाने का एक अच्छा तरीका है। पर इसका एक और पहलू भी है। जब यह एहसास होते ही आपका मन डूबने लगता है कि आपने बातचीत के लिए तय किए गए पंद्रह मिनटों में से आठ मिनट हल्की-फुल्की गपशप में ही खर्च कर दिए हैं। ये ऐसे पल हैं, जब आपके मन में यह विचार आता है, 'हद है! क्या सचमुच ये बेकार की गपशप करना ज़रूरी है? आखिर मौसम का जिक्र करने का क्या मतलब है? इस चर्चा का क्या लाभ है कि ठंड के मौसम में कनाडा में कितनी बर्फ गिरती है? या फिर इस बारे में गपशप करने से क्या होगा कि फलाँ फुटबॉल टीम ने मैदान में कैसा प्रदर्शन किया?' तो हल्की-फुल्की गपशप भले ही आपस में सहजता और गर्मजोशी लाने का एक उपयोगी तरीका हो, लेकिन ऐसा कम ही होता है, जब ये गपशप, बातचीत के उस विषय तक जाने का ज़रिया बने, जो सचमुच मायने रखता है।

रटा-रटाया एजेंडा

यह स्थिति आमतौर पर नियमित बैठकों में देखने को मिलती है – वही जगह, वही समय, वही लोग और वही एजेंडा। यह तथ्यों और आंकड़ों को दोहराने का एक नीरस अवसर होता है, जहाँ ऐसी रिपोर्ट पेश की जाती है, जो वास्तविक स्थिति पर प्रकाश कम डालती है, पर कमरे की सारी ऊर्जा सोख लेती है। हो सकता है कि वह एजेंडा एक सप्ताह, एक महीना या एक साल पहले तक बिलकुल सही रहा हो, पर अब वह एजेंडा उस चीज़ के रास्ते में सिर्फ एक रोड़े की तरह है, जो सचमुच मायने रखती है।

पहले से तय मूल्यांकन

यहाँ इस बारे में कोई बातचीत या सवाल नहीं होता कि असल मुद्दा क्या है। आप बस इस बात को लेकर निश्चिंत होते हैं कि आपको मुद्दा पता है। या फिर सामनेवाला निश्चिंत होता है कि उसे मुद्दा पता है। या

फिर आप दोनों ही इस बात को लेकर निश्चिंत होते हैं कि आपको मुद्दा पता है। तो बस...! आप निकल पड़ते हैं, वह मुद्दा सुलझाने के लिए, जो आपको 'शायद' ही पता है। इस प्रतिक्रिया से भले ही आपको अच्छा महसूस हो और लगे कि काम आगे बढ़ रहा है क्योंकि आप कुछ सुलझाने में लगे हुए हैं। पर वास्तव में आप गलत दिशा की ओर भटक गए होते हैं। फिर भले ही आप तेजी से और बुद्धिमानी से आगे बढ़ रहे हों, पर उसका कोई लाभ नहीं होनेवाला क्योंकि आपकी दिशा ही गलत है।

शुरुआती सवाल: 'आपके मन में क्या चल रहा है?'

जल्द ही सच्चे संवाद में तब्दील होनेवाली बातचीत शुरू करने का इकलौता अचूक तरीका है, सामनेवाले से पूछना कि 'आपके मन में क्या चल रहा है।' लेकिन यह स्थिति की बारीकी समझकर पूछा जानेवाला सवाल है ताकि न तो यह ज़रूरत से ज़्यादा कुरेदनेवाला सवाल लगे और न ही कुछ ज़्यादा ही खुले नज़रिएवाला लगे।

चूँकि यह सवाल अपने आपमें खुले नज़रिएवाला ही है इसलिए इसके चलते लोगों को मामले का मर्म समझने और वह साझा करने का मौका मिलता है, जो उनके लिए सचमुच महत्वपूर्ण है। यह सवाल पूछकर आप सामनेवाले को न तो कुछ बता रहे होते हैं, न कोई मार्गदर्शन दे रहे होते हैं। आप तो बस भरोसा दिखा रहे होते हैं और उसे यह आज़ादी दे रहे होते हैं कि वह अपने लिए विकल्प का चुनाव खुद करे।

इसके बावजूद यह एक केंद्रित सवाल भी है। यह सामनेवाले के लिए इस बात का निमंत्रण नहीं है कि वह आकर आपको कुछ भी बताना शुरू कर दे। बल्कि यह तो उस चीज़ की दिशा में जाने का प्रोत्साहन है, जो उसके लिए सचमुच दिलचस्प है, जिससे उसके दिल की धड़कनें तेज हो जाएँ, जिसमें वह पूरी तरह डूब जाए और जिसके चलते सुबह 4 बजे भी उसकी नींद फौरन खुल जाए।

यह ऐसा सवाल है जो कहता है कि आओ, उन चीज़ों के बारे में चर्चा करते हैं, जो सबसे ज़्यादा मायने रखती हैं। यह ऐसा सवाल है, जो हल्की-फुल्की गपशप को पीछे छोड़कर आगे निकल जाता है, रटे-रटाए एजेंडा को खत्म कर देता है और पहले से तय मूल्यांकन को खारिज कर देता है।

एक बार ये सवाल पूछने के बाद, आगे के संवाद को उचित दिशा की ओर केंद्रित करने के लिए आप मेरे '3पी मॉडल' नामक फ्रेमवर्क का उपयोग कर सकते हैं। लेकिन '3पी मॉडल' पर जाने से पहले, कोचिंग के दो प्रकारों के बीच का फर्क समझना होगा।

प्रदर्शन के लिए कोचिंग बनाम विकास के लिए कोचिंग

प्रदर्शन के लिए कोचिंग और विकास के लिए कोचिंग में फर्क होता है। प्रदर्शन के लिए कोचिंग दरअसल एक विशिष्ट समस्या या चुनौती की पहचानकर उससे निपटने से जुड़ी होती है। इसका संबंध कोई गड़बड होने पर उसे संभालने, अपने लोगों में जोश भरने और कठिन परिस्थितियों में भी सभी को जोड़कर रखने से होता है। वास्तव में यह रोज़मर्रा की जिम्मेदारियों पर केंद्रित होती है और महत्वपूर्ण होने के साथ-साथ ज़रूरी भी है। जबकि विकास के लिए कोचिंग का संबंध है, मुद्दे से ध्यान हटाकर उस व्यक्ति पर केंद्रित करना, जो उस मुद्दे से निपटने में लगा हुआ है। यह संवाद दुर्लभ और उल्लेखनीय रूप से कहीं अधिक शक्तिशाली होता है। अगर मैं आपसे कहूँ कि पीछे मुड़कर अपने अतीत की ओर देखिए और वह समय याद कीजिए जब किसी ने आपको ऐसी कोचिंग दी हो, जो आपके मन में बस गई हो व जिससे सचमुच फर्क पड़ा हो। तो मैं दावे के साथ कह सकता हूँ, वह निश्चित रूप से विकास के लिए कोचिंग का संवाद था। यह कोचिंग किसी तरह समस्याएँ सुलझाकर काम चलाने के बजाय, इस बात पर केंद्रित होती है कि आपको सीखने, उत्कृष्ट बनने और उन्नति

करने के लिए आगे लाया जाए।

वास्तव में 3पी मॉडल ध्यान केंद्रित करने, संवाद को और सशक्त बनाने व (जब उचित लगे तो) अपना ध्यान हटाकर और अधिक शक्तिशाली स्तर (विकास के लिए कोचिंग) पर केंद्रित करने का सबसे स्पष्ट और सीधा तरीका है।

3पी मॉडल की मदद से ध्यान केंद्रित करने में गहनता लाएँ

3पी मॉडल एक ऐसा फ्रेमवर्क है, जिसके जरिए आप यह चुनाव कर सकते हैं कि आपको कोचिंग से जुड़े संवाद में किस चीज़ पर ध्यान केंद्रित करना है। साथ ही आप ये भी तय कर सकते हैं कि व्यक्ति जिस समस्या से जूझ रहा है, उसके केंद्र में चुनौती का कौन सा पहलू हो सकता है। आमतौर पर यह चुनौती, किसी प्रोजेक्ट, किसी व्यक्ति या फिर व्यवहार के एक पैटर्न पर केंद्रित हो सकती है।

उन्हें सिर्फ किसी समस्या को सुलझाने के लिए बुलाने के बजाय सीखने, उत्कृष्ट बनने और उन्नति करने के लिए आगे लाएँ

जवाब बंद कमरों जैसे होते हैं; जबकि सवाल खुले दरवाजों जैसे, जो हमें अंदर आने का आमंत्रण देते हैं।

- नैन्सी विलार्ड

प्रोजेक्ट

एक प्रोजेक्ट परिस्थिति का ही हिस्सा होता है यानी एक ऐसी चीज़, जिस पर काम किया जा रहा है। इस पहलू में जाना सबसे आसान होता है और हममें से अधिकांश लोग इससे परिचित भी होते हैं। दरअसल हम

सब अपना बहुत सा समय तमाम चुनौतियों का समाधान खोजने में बिताते हैं और हमारी नज़रें हमेशा वर्तमान परिस्थिति पर टिकी होती हैं। यही वह क्षेत्र है, जहाँ अक्सर प्रदर्शन के लिए कोचिंग और तकनीकी बदलाव होते हैं। वास्तव में इस मामले में असली कला है ये जानना कि इसमें अपनी शुरुआत कैसे की जाए और फिर ये कैसे देखा जाए कि कौन सा या कितने पी (प्रोजेक्ट, पीपुल, पैटर्न) शामिल करने से संवाद को लाभ मिलेगा।

पीपुल (लोग)

क्या आपके मन में भी कभी ये खयाल आया है कि अगर आपको रोज़मर्रा के जीवन में ऐसे ढेरों लोगों का सामना नहीं करना पड़ता, जो आपको खीझ दिलाते रहते हैं, तो आपका काम बहुत आसान हो जाता? अब ऐसा तो नहीं हो सकता कि ये खयाल सिर्फ मेरे ही मन में आया हो। इसमें कोई दोराय नहीं कि परिस्थितियाँ तब और मुश्किल बन जाती हैं, जब आपको - अपनी तमाम अपूर्णताओं, अव्यवस्थित तरीकों, पक्षपातपूर्ण रवैये और विवेकहीनता के साथ - दूसरों के साथ काम करना होता है। मजे की बात ये है कि वे भी उतने ही अपूर्ण, अव्यवस्थित तरीकोंवाले, पक्षपातपूर्ण रवैया रखनेवाले और विवेकहीन होते हैं और साथ ही समझ व करुणा के मामले में दो कदम पीछे होते हैं।

जब आप लोगों के बारे में बात करते हैं, तो वास्तव में आप उनके बारे में नहीं कर रहे होते। आप तो एक रिश्ते के बारे में बात कर रहे होते हैं या अगर और अधिक स्पष्टता से कहें, तो उस रिश्ते में अपनी भूमिका के बारे में बात कर रहे होते हैं, जो शायद फिलहाल पूरी तरह एक आदर्श भूमिका न हो।

पैटर्न

इस पहलू में आप व्यवहार के पैटर्न और काम करने के उन तरीकों को देखते हैं, जिन्हें आप बदलना चाहते हैं। संभव है कि इसी में विकास

के लिए कोचिंग का संवाद भी उभरकर सामने आए। पैटर्न व्यक्तिगत और चुनौतीपूर्ण होते हैं। साथ ही वे एक ऐसा स्थान उपलब्ध कराते हैं, जहाँ लोगों का आत्मज्ञान और क्षमता बढ़ सकती है। वर्तमान में ऐसे संवाद संगठनों में बहुत आम नहीं हैं। हालाँकि हमेशा इसी प्रकार ध्यान केंद्रित करके संवाद करना भी उचित नहीं है। आमतौर पर प्रोजेक्ट केंद्रित संवाद करना ही बेहतर होता है।

३पी मॉडल को उपयोग में लाना

'आपके मन में क्या चल रहा है?' आप सामनेवाले से पूछते हैं।

जवाब में वे बताते हैं, 'दरअसल (यहाँ उस चीज़ का नाम दर्ज करें, जिस पर वे काम कर रहे हैं)...'

इस पर आप कहते हैं, 'तो इसके तीन अलग-अलग पहलू नज़र आ रहे हैं। पहला है प्रोजेक्टवाला पहलू - असली सामग्री से जुड़ी कोई भी चुनौती। दूसरा है पीपुल (लोगों) वाला पहलू - टीम के सदस्यों/सहकर्मियों/अन्य विभागों/ग्राहकों/बॉस से जुड़ा कोई भी मुद्दा। और तीसरा है पैटर्न - अगर कोई ऐसा तरीका हो, जहाँ आप अपने हिसाब से काम कर सकते हों और आपको कोई दिखावा करने की ज़रूरत न पड़े, तो हमें कहाँ से शुरुआत करनी चाहिए?'

इससे कोई फर्क नहीं पड़ता कि वे कौन सा चुनाव करते हैं - पर इस तरह संवाद की एक सशक्त शुरुआत ज़रूर हो सकती है। और जब वे एक 'पी' पर चर्चा कर लें, तो उन्हें बाकी के दोनों 'पी' की ओर ले जाकर पूछ सकते हैं, 'अगर इस मामले में ये 'पी' महत्वपूर्ण हो, तो इसमें तुम्हारे लिए क्या चुनौती है?'

और इस तरह संभव है कि ये एक अधिक गहन, सशक्त और समृद्ध संवाद बन जाएगा।

यहाँ अपनी नई आदत विकसित करें

जब ऐसा हो...

आपको उन पलों को, लोगों को और संभवत: उन भावनाओं को भी कागज पर लिखना होगा, जो आपका ट्रिगर हैं।

किसी किस्म के संवाद की शुरुआत ही इस सवाल के लिए एक आम ट्रिगर है। जैसे आपको सीधे रिपोर्ट करनेवाले किसी कर्मचारी का आपके केबिन में आना ताकि वह किसी मसले पर आपसे सलाह ले सके। आपके पास एक ग्राहक का फोन आना। बॉस द्वारा आपको अचानक अपने केबिन में बुलाया जाना। लंच के दौरान एक सहकर्मी का आपसे यह पूछना कि क्या आप उसे बातचीत के लिए थोड़ा समय दे सकते हैं? आपका अपनी टीम के किसी सदस्य के साथ नियमित रूप से आपने-सामने मीटिंग करना। चर्चा के दौरान काफी देर बाद भी असली मुद्दे पर बातचीत शुरू न होने के चलते आपका चिंतित होना वगैरह। यानी कोई भी चीज़ ट्रिगर बन सकती है, यहाँ तक कि किसी का ई-मेल या टेक्स्ट मैसेज आना भी ट्रिगर का काम कर सकता है।

तो बजाय ये करने के...

पूरी स्पष्टता के साथ अपनी उस पुरानी आदत को कागज पर लिखना, जिसे आप छोड़ना चाहते हैं।

हो सकता है कि आपकी पुरानी आदत ये हो - ढेर सारी हल्की-फुल्की गपशप करना और फिर मुख्य एजेंडे से भटककर या सामनेवाले को बातचीत का विषय बताने के बजाय सीधे सलाह देना शुरू कर देना। संभवत: यह कोई ऐसी चीज़ होगी, जिसे लेकर ज़्यादा उत्सुकता नहीं होगी बल्कि इसका संबंध बातचीत की दिशा को अपने नियंत्रण में रखने से होगा।

मैं ये करूँगा...

अपनी नई आदत का वर्णन करना

संभवत: यह कुछ ऐसा लग सकता है, मैं उनसे पूछूँगा, 'आपके मन में क्या चल रहा है?' अगर ट्रिगर एक ई-मेल या टेक्स्ट मैसेज के रूप में आता है, तो उसके जवाब में आप एक सवाल भेजने के लिए स्वतंत्र हैं।

बॉक्स ऑफ क्रेयॉन्स लैब की ओर से

'व्हाट्स ऑन योर माइंड? (आपके मन में क्या चल रहा है?)' ये सवाल हमें फेसबुक पर देखने को मिलता है। कम से कम पहले तो ऐसा ही था। लेकिन फिर फेसबुक ने इसे एक प्रॉम्प्ट (संकेत) के तौर पर हटा दिया। पर इसके बाद जल्द ही फेसबुक ने एक बार फिर इसका उपयोग शुरू कर दिया। लगता है, मार्क ज़ुकरबर्ग और उनकी टीम को एहसास हो गया कि उनके फेसबुक के लिए यही सवाल सर्वश्रेष्ठ है।

तो ये एक ऐसा सवाल है, जिसे हर दिन दुनियाभर में लाखों लोग कुछ साझा करने के संकेत के रूप में उपयोग करते हैं। लेकिन यह सवाल अपने उद्‌देश्य में इतना सफल क्यों रहा? जब हमने बॉक्स ऑफ क्रेयॉन्स की अपनी रिसर्चर लिंडसे से इसके पीछे सक्रिय विज्ञान की गहराई में जाने को कहा, तो वह हमें उस मौलिक सच की ओर ले गई, जिसे न्यूरोसाइंस ने खोलकर रख दिया है: हमारा अस्तित्व उन्हीं चीज़ों से मिलकर बनता है, जिन पर हम अपना ध्यान केंद्रित करते हैं। अगर आप इस बात को लेकर सचेत रहते हैं कि हम अपना ध्यान कहाँ केंद्रित कर रहे हैं, तो ये बहुत अच्छी बात है। पर अगर हमारा ध्यान भटकता है (भले ही अनजाने में) या फिर व्यर्थ की चीज़ों में अटका रहता है, तो एक न एक दिन हमें इसकी कीमत भी चुकानी पड़ती है।

सन 2010 के अध्ययन का पहला बिंदु यही था कि जब भी हमारे

मन में कुछ चल रहा होता है, तो इसमें ऊर्जा खर्च होती है - भले ही आपके मस्तिष्क का वजन, आपके शरीर के वजन का सिर्फ 2 फीसदी हो, पर यह आपकी करीब 20 फीसदी ऊर्जा खर्च करता है।

लेकिन इससे भी ज़्यादा महत्वपूर्ण ये है कि आपके मन में जो भी चल रहा होता है, उसका प्रभाव इस बात पर भी पड़ता है कि आप किन चीज़ों पर गौर करेंगे और किन पर ध्यान केंद्रित करेंगे। जैसे अगर आप लाल रंग की माज़दा गाड़ी खरीदने की सोच रहे हैं, तो आप पाएँगे कि आप अचानक ही सड़क पर जा रही लाल माज़दा गाड़ियों पर गौर करने लगे हैं। क्योंकि आप जिस बारे में सोच रहे होते हैं, उसका प्रभाव आपके चुनावों पर भी पड़ता है। जिसके चलते ये भी हो सकता है कि आप सर्वोत्तम चुनाव न कर सकें।

शुरुआती सवाल पूछना, दबाव कम करनेवाले किसी प्रेशर-वॉल्व की तरह काम करता है और उन चीज़ों को स्पष्ट करने में मदद करता है, जो संभवत: आपके काम करने के तरीके को अनावश्यक रूप से प्रभावित कर रही हों। यह सवाल आपके लिए उस चुनौती को बिलकुल स्पष्ट बना देता है, जिससे आप अब तक अनजान थे और जो दुनिया को देखने के आपके तरीके को संकुचित बना रही थी।

सवाल की मास्टरक्लास भाग 2

भूमिका बनाना बंद करें और सवाल पूछें

जेम्स बॉन्ड सीरीज की वह कौन सी फिल्म है, जिसका पहला सीन सबसे अच्छा है, इसके बारे में इंटरनेट पर एक मीम बड़ा मशहूर है।

कुछ लोग सन 1977 में रिलीज हुई 'द स्पाई हू लव्ड मी' के उस सीन को सर्वश्रेष्ठ पहला सीन मानते हैं, जिसमें जेम्स बॉन्ड की भूमिका निभा रहे अभिनेता रॉजर मूर बर्फीली पहाड़ियों पर स्कीइंग करते हुए नीचे कूद जाते हैं और फिर अपना पैराशूट (जिस पर यूनाइटेड किंगडम के राष्ट्रीय झंडे यूनियन जैक की विशाल आकृति बनी हुई है) खोलकर हवा में उड़ते हुए दुश्मन के हाथों से बच निकलते हैं।

वहीं कुछ लोगों के लिए सन 2006 में आई कैसीनो रोयाल का वह जबर्दस्त ब्लैक-एंड-व्हाइट सीन सर्वश्रेष्ठ पहला सीन है, जिसमें डेनियल क्रेग दुश्मन की हत्या करके अपने 007 एजेंट के किरदार का परिचय देते हैं।

मेरा पसंदीदा पहला सीन कौन सा है? सन 1995 में रिलीज हुई गोल्डन आई का वह सीन, जिसमें पियर्स ब्रॉसनन एक विशाल बाँध से बंजी-जंपिंग करते हुए नीचे आते हैं।

जो भी हो, आप यहाँ एक पैटर्न पर गौर करेंगे। जेम्स बॉन्ड सीरीज की किसी भी फिल्म की शुरुआत धीमी या उबाऊ नहीं होती।

फिल्म शुरू होने के दस सेकेंड के अंदर ही एक्शन शुरू हो जाता है, आपके दिल की धड़कनें तेज हो जाती हैं और आपके अंदर जबर्दस्त उत्साह भर जाता है।

यह हमारे सवाल पूछने के तरीके से बिलकुल विपरीत है। आमतौर पर हममें से अधिकांश लोग सवाल पूछने से पहले एक धीमी और भ्रामक भूमिका बाँधते हैं, जो जेम्स बॉन्ड उपन्यासों के लेखक इयान फ्लेमिंग की तेज-रफ्तार कल्पनाओं के बजाय मध्य-पूर्वी लोक-कथा संग्रह आलिफ लैला के हज़ार अफसाने जैसी ज़्यादा लगती है।

तो ये भूमिका बनाना बंद करें। आपको किसी विमान की तरह रफ्तार पकड़ने के लिए भूमिका रूपी रनवे की ज़रूरत नहीं है – आप सीधे टेक-ऑफ कर सकते हैं।

अगर आप जानते हैं कि आपको कौन सा सवाल पूछना है, तो सीधे मुद्दे पर आएँ और सवाल पूछें।

और अगर इसके लिए आपको एक कारगर वाक्यांश की ज़रूरत महसूस हो, तो 'मैं ये जानने के लिए उत्सुक हूँ' का उपयोग करें। यह वाक्यांश सवाल के 'भारीपन' को कम कर देगा, जिससे आपके लिए सवाल पूछना और सामनेवाले के लिए जवाब देना आसान हो जाएगा।

ये रही आपकी नई आदत

जब ऐसा हो...

जब मुझे एक सवाल पूछना हो...

तो बजाय ये करने के...

उपयुक्त शब्दों और वाक्यांशों का चुनाव करने, सामनेवाले को

सवाल समझाने और भूमिका बाँधने में उलझे रहना और सवाल पूछने में अच्छा–खासा समय लगाना।

मैं ये करूँगा...

सवाल पूछना। (और फिर चुप हो जाना व जवाब मिलने का इंतजार करना।)

'और कुछ?' सवाल

इसमें आपके सामने वह सवाल रखा गया है, जो इस दुनिया में कोचिंग का सर्वश्रेष्ठ सवाल है और आप यह देखकर हैरान रह जाएँगे कि इन दो छोटे-छोटे शब्दों में कितनी शक्ति है।

सच्चा जादू

एक शौकिया और बुरा जादूगर होने के नाते मेरे मन में सच्चे जादूगरों के प्रति सम्मान और बढ़ गया है। आपने वह करतब ज़रूर देखा होगा, जिसमें जादूगर अपना एक हाथ हवा में उठाता है और अचानक कहीं से एक सिक्का उसके हाथ में आ जाता है। फिर उसके हाथ में एक और सिक्का आ जाता है। फिर एक और सिक्का। अगर आप यह जादू मशहूर अमेरिकी जादूगर जोड़ी पेन एंड टेलर के यूट्यूब वीडियो में देख रहे हैं, तो ये सिक्के देखते ही देखते ढेर सारी चमकती हुई सुनहरी मछलियों में तब्दील हो जाएँगे। (यह वीडियो देखने के लिए गूगल करें, 'मास्टर्स ऑफ मैजिक पेन एंड टेलर, अमेजिंग ट्रिक्स।')

मैं ये करतब नहीं दिखा सकता। कतई नहीं। पर मैं आपको एक ऐसा सवाल ज़रूर दे सकता हूँ, जो सचमुच इतना अच्छा है कि हम इसे 'दुनिया में कोचिंग का सर्वश्रेष्ठ सवाल' के तौर पर ट्रेडमार्क कराने पर भी विचार कर चुके हैं। क्या करें, ये सवाल है ही ऐसा!

'और कुछ?' सवाल

मैं जानता हूँ कि ये दो शब्द बड़े ही साधारण लगते हैं। लेकिन 'और कुछ?' सवाल में सचमुच जादुई गुण हैं। यह बिना किसी प्रयास के अधिक ज्ञान, अधिक अंतर्दृष्टियाँ, अधिक आत्म-जागरूकता और अधिक संभावनाएँ पैदा कर देता है।

इसके इतना प्रभावी होने के तीन कारण हैं: अधिक विकल्प उपलब्ध होने से आप बेहतर निर्णय लेते हैं; आप खुद पर लगाम लगाते हैं; और इससे आपको थोड़ा अतिरिक्त समय भी मिल जाता है।

अपने अंदर के रॉन पोपिल को दिशा देते हैं

अगर आपने पिछले सत्तर साल में कभी टीवी देखा है, तो संभव है कि आपकी नज़र बिली मेस, विंस ऑफर या रॉन पोपिल पर ज़रूर पड़ी होगी। वे टीवी पिच आर्टिस्ट थे, जो आपको 19.99 डॉलर में डाइसर, ग्रेटर और झाड़-पोछे के सामान जैसी घरेलू उपयोग की चीज़ें बेचा करते थे। रॉन पोपिल टीवी पिच आर्टिस्टों के पितामह माने जाते हैं और उनकी सबसे मशहूर पंक्ति थी, 'ज़रा रुकिए, अभी और बहुत कुछ बाकी हैं...'

यहाँ आपको ऐसा कोई सामान खरीदने की ज़रूरत नहीं है। पर इतना ज़रूर याद रखें कि जब भी कोई व्यक्ति किसी सवाल का पहला जवाब देता है, तो वह उसका इकलौता जवाब नहीं होता और ऐसा बहुत कम ही होता है, जब वह पहला जवाब ही सर्वश्रेष्ठ जवाब भी हो। आपको लगेगा कि ये तो बड़ी आम बात है, जो हर कोई जानता है। लेकिन यकीन मानिए ये इतनी भी आम नहीं है, जितनी आपको लगती है।

चिप हीथ और डैन हीथ की लेखक जोड़ी अपनी उत्कृष्ट किताब 'डिसाइसिव: हाउ टू मेक बेटर चॉइसेस इन लाइफ एंड वर्क' में पॉल नट के एक अध्ययन का जिक्र करते हैं। नट एक ऐसे व्यक्ति थे, जो इस बारे में

संभवत: किसी भी व्यक्ति से अधिक जानकारी रखते थे कि मैनेजर अपने निर्णय कैसे लेते हैं। कठोर प्रोटोकॉल का उपयोग करते हुए उन्होंने विभिन्न संगठनों के अंदर लिए गए 168 निर्णयों से मिले परिणामों की समीक्षा की। इसमें उन्होंने पाया कि 71 फीसदी निर्णयों में, उनका पूर्ववर्ती विकल्प बायनरी (दो गुणोंवाला) था। ये विकल्प सीधे तौर पर इस प्रकार का होता था, 'क्या हमें ऐसा करना चाहिए? या फिर नहीं करना चाहिए?'

नट ने कहा कि 71 फीसदी का यह आंकड़ा, निर्णय लेने से पहले विकल्प तैयार करने की किशोरों की क्षमता के बराबर (वास्तव में, इससे भी थोड़ा बदतर) ही है। जी हाँ, यहाँ किशोरों की बात हो रही है, जो अक्सर बुरे और गलत फैसले लेने के लिए ही जाने जाते हैं। पर कम से कम किशोरों के पास ये बहाना तो होता है कि उनका मस्तिष्क अभी पूरी तरह विकसित नहीं हुआ है। इसीलिए इस बात पर हैरानी नहीं होनी चाहिए कि नट ने पाया कि ऐसे बायनरी विकल्पों के आधार पर लिए गए निर्णयों के विफल होने की दर 50 फीसदी से भी ज़्यादा थी।

इसके बाद उन्होंने उन निर्णयों की सफलता की दर पर गौर किया, जिनमें ज़्यादा विकल्प उपलब्ध थे। उदाहरण के लिए, अगर आप सिर्फ एक और विकल्प जोड़ दे, तो क्या होगा, जैसे 'क्या हमें ऐसा करना चाहिए? या फिर वैसा करना चाहिए? या फिर नहीं करना चाहिए?' इसके परिणाम चौंकानेवाले थे। सिर्फ एक अतिरिक्त विकल्प होने से निर्णयों की विफलता की दर करीब-करीब आधी रह गया यानी 30 फीसदी से भी कम।

जब आप 'और कुछ?' सवाल का उपयोग करते हैं, तो आपको ज़्यादा विकल्प मिलते हैं, जो अक्सर बेहतर होते हैं। ये बेहतर विकल्प आपको बेहतर निर्णयों की ओर ले जाते हैं और बेहतर निर्णय, बड़ी सफलता की ओर।

आप सलाह के दानव पर काबू पा लेते हैं

अगर ये किताब के बजाय एक हाइकू (एक प्रकार की संक्षिप्त जापानी कविता) होती, तो इसमें लिखा होता :

कम बताएँ और ज़्यादा पूछें
आपकी सलाह उतनी भी अच्छी नहीं है
जितनी आपको लगती है

हाइकू के नियम अनुसार इसमें 17 अक्षर होने चाहिए। पर उपरोक्त पंक्तियों में भले ही 17 से ज़्यादा अक्षर हों, लेकिन इन्हें कहना जितना आसान है, करना उतना ही मुश्किल। हम सभी को बातचीत के दौरान अचानक सलाह देने/खुद को विशेषज्ञ मान लेने/हर सवाल का जवाब देने/हर समस्या का हल बताने की आदत होती है। बेशक, इसमें कोई हैरानी की बात नहीं है। जवाबों और निश्चिंतता को बेहद महत्त्व देने की संगठनों की प्रवृत्ति को अगर आप अनिश्चितता, चिंता और तीव्रता की उस भावना के साथ मिला दें, जो हम सब अपनी लगातार जटिल हो रही नौकरियों और जिंदगियों में महसूस करते हैं, तो आपको एहसास होगा कि हमारा मस्तिष्क स्पष्टता और निश्चितता को वरीयता देने के अनुसार ही बना है। इसीलिए इस बात पर हैरानी नहीं होनी चाहिए कि सलाह देना हम सबको पसंद होता है। भले ही हम गलत सलाह दे रहे हों – जो कि अक्सर ही होता है – फिर भी हमें सवाल पूछने की अनिश्चितता का सामना करने के बजाय दूसरों को सलाह देना कहीं अधिक सहज लगता है।

हमारे ट्रेनिंग प्रोग्राम में सलाह देने के इस आग्रह को हम 'सलाह का दानव' कहते हैं। भले ही आपके इरादे नेक हों और कुछ अच्छे सवाल पूछने के लिए आप अपनी जिज्ञासा बनाए रखते हों, साथ ही आप काम करने के बेहतर तरीके अपनानेवाले व्यक्ति हों, फिर भी मौका आने पर

सलाह का यह दानव अचानक किसी अंधेरे कोने से निकलकर सामने आ जाता है और बातचीत को अपने काबू में कर लेता है। जब तक आपको इस स्थिति का एहसास होता है, तब तक आपका मन जवाब ढूँढ़ने में उलझ चुका होता है और आप सामनेवाले को आगे के लिए नए विचार, सुझाव व सिफारिश देने लगते हैं।

बेशक, सलाह देने का अपना एक महत्त्व है। यह किताब आपको ये सुझाव नहीं दे रही है कि अब आप दोबारा कभी किसी को कोई जवाब न दें। लेकिन वास्तव में ये एक अप्रभावी प्रतिक्रिया है, जिसका ज़रूरत से ज़्यादा उपयोग किया जाता है।

एक दिलचस्प (पर मुश्किल) अभ्यास है, अपने आप पर गौर करना और देखना कि सलाह देने की इच्छा आपके अंदर कितनी तेजी से पैदा होती है। ज़रा एक दिन (या आधा दिन या फिर सिर्फ एक घंटे) का समय लें और देखें कि आप कितने बार जवाब देने के लिए फौरन तैयार हो जाते हैं। हॉवर्ड बेकमैन और रिचर्ड फ्रैंकल ने 1984 के अपने एक अध्ययन में पाया कि बातचीत के बीच टोकने का डॉक्टरों का औसत समय 18 सेकंड हैं, इसे कई मौकों पर उद्धृत किया गया है। इस पर प्रतिक्रिया स्वरूप हम भले ही अपना मुँह बिचकाकर कह दें कि 'ये डॉक्टर भी ना!' पर मैंने ऐसे कई मैनेजर और लीडर देखे हैं, जिनका औसत भी डॉक्टरों से कम नहीं रहा होगा।

संक्षेप में कहें तो,

भले ही हमें ठीक से न पता हो कि मुद्दा क्या है या सामनेवाले के जीवन में क्या चल रहा है, लेकिन हम इस बात को लेकर ज़रूर निश्चिंत रहते हैं कि उसे जो जवाब चाहिए, वह हमारे पास है।

'और कुछ?' सवाल इसी चक्र को तोड़ता है। जब इसे पूछना एक आदत बन जाए, तो यह सहज और जिज्ञासु बने रहने का सबसे सरल तरीका साबित होता है। यह आपके सलाह के दानव को संयमित रखने के लिए सेल्फ-मैनेजमेंट का एक तरीका है।

आपको थोड़ा अतिरिक्त समय मिलता है

यह एक सीक्रेट है, जो सिर्फ मेरे और आपके बीच है। मुझे यकीन है कि इस किताब में मैंने कहीं न कहीं अपना परिचय देते हुए इस बात को ज़रूर रेखांकित किया होगा कि मैं पहला कैनेडियन कोच ऑफ द इयर रह चुका हूँ। इसलिए मैं आपको ये बात एक पेशेवर, सम्माननीय और पुरस्कृत कोच के तौर पर बता रहा हूँ।

जब आप इस बात को लेकर पूरी तरह निश्चिंत नहीं होते कि असल में क्या चल रहा है और आपको स्थिति को फौरी तौर पर समझने के लिए थोड़ा समय चाहिए हो, तब 'और कुछ?' सवाल पूछने से आपको थोड़ा अतिरिक्त समय मिल जाता है।

पर यह एक सीक्रेट है। इसे किसी और को न बताएँ।

'और कुछ?' सवाल पूछने के लिए चार व्यावहारिक सुझाव

'और कुछ?' सवाल का जादू चल जाए, यह सुनिश्चित करने के लिए इन आसान दिशानिर्देशों का पालन करें:

जिज्ञासु रहें, सच्चे रहें

आपके पास एक शानदार सवाल है पर इसका मतलब ये नहीं है कि आप इसे पूछते समय बोरियत में डूबकर सुस्त पड़ जाएँ।

जब आप ये आदत निर्मित कर रहे हों, तो सिर्फ 'और कुछ?' सवाल पूछने का अभ्यास न करें। बल्कि आदत-निर्माण पर आधारित अध्याय में

प्रस्तुत डैन कॉएल के गहन अभ्यास के सिद्धांत का उपयोग करें और सच्ची दिलचस्पी व जिज्ञासा के साथ सवाल पूछने की आदत डालें। बोनस अंकों के लिए जवाब सुनने का अभ्यास करें।

एक बार और पूछें

ग्रेट वर्क पॉडकास्ट पर डैन कॉएल का एक इंटरव्यू सुनें।

आइए अपनी शुरुआत इस समझ के साथ करते हैं कि आमतौर पर लोग यह सवाल कम ही पूछते हैं। और इस आदत में महारत हासिल करने का तरीका है इसे आज़माना, प्रयोग करना और देखना कि क्या कारगर साबित होता है। एक दिशानिर्देश के रूप में, इसे मैं आमतौर पर कम से कम तीन बार पूछता हूँ और अधिक से अधिक पाँच बार।

अपनी सफलता को पहचानें

बातचीत के दौरान एक समय ऐसा आएगा, जब कोई न कोई आपसे कहेगा कि 'और कुछ भी नहीं है।' जब ऐसा होता है, तो दिल की धड़कन तेज हो जाना या हल्की घबराहट महसूस होना आम प्रतिक्रिया है।

इस प्रतिक्रिया को सफलता के रूप में देखें। आपको सामनेवाले से 'और कुछ भी नहीं है,' जैसी प्रतिक्रिया ही चाहिए थी। इसका अर्थ है कि अब आपको संबंधित मामले के बारे में और जानकारी लेने की ज़रूरत नहीं है। तो बस, एक गहरी साँस लें और अगले सवाल की ओर बढ़ जाएँ।

समय आने पर आगे बढ़ जाएँ

जब आपको महसूस हो कि बातचीत की ऊर्जा कम हो रही है, तो इसका अर्थ है कि अब इस दृष्टिकोण को छोड़कर आगे बढ़ने का समय आ गया है। जब बातचीत को खात्मे की ओर ले जाना हो, तो 'और कुछ?' सवाल का ही दूसरा सशक्त रूप है, 'क्या अभी और कुछ बाकी है?' क्योंकि ये संस्करण इस बात का संकेत देता है कि अब यह बातचीत

खात्मे की ओर बढ़ रही है पर साथ ही अगर सचमुच कुछ और बाकी है, तो उसे सामने रखने का रास्ता भी खुला है।

'और कुछ?' सवाल पूछना, नई संभावनाएँ पैदा करने और उन्हें सामने लाने का सबसे तेज़ और आसान तरीका है

कुछ ज़्यादा ही दूर निकल जानाः चुनाव का विरोधाभास

विकल्प होना अच्छी बात है। 'और कुछ?' सवाल की सबसे बड़ी शक्ति है कि ये नई संभावनाएँ पैदा करने और उन्हें सामने लाने का सबसे तेज और आसान तरीका है।

लेकिन बहुत सारे विकल्प मौजूद होना भी हमेशा अच्छा नहीं होता।

सन 2004 में प्रकाशित किताब पैराडॉक्स ऑफ चॉइस के लेखक बैरी श्वाट्र्ज (वे इसी शीर्षक से बढ़िया टेड टॉक भी देते हैं) एक ग्रोसरी स्टोर के ग्राहकों पर हुए एक महत्वपूर्ण अध्ययन को प्रकाश में लाए। एक बार एक ग्रोसरी स्टोर में 'जैम डे' मनाया जा रहा था। वहाँ एक स्टॉल पर जैम के छह अलग-अलग फ्लेवर के सैंपल रखे हुए थे, जबकि दूसरे स्टॉल पर चौबीस अलग-अलग फ्लेवर के सैंपल रखे हुए थे। यूँ तो चौबीस फ्लेवरवाला स्टॉल ग्राहकों को ज़्यादा पसंद आ रहा था, लेकिन जो ग्राहक छह फ्लेवरवाले स्टॉल के सैंपल आज़मा रहे थे, उनके जैम खरीदने की संभावना दूसरे स्टॉल के ग्राहकों से दस फीसदी ज़्यादा थी। क्योंकि दूसरे स्टॉल पर ढेर सारे फ्लेवर के विकल्प मौजूद होने के चलते उसके ग्राहक यह निर्णय लेने में कठिनाई महसूस कर रहे थे कि उन्हें कौन सा जैम खरीदना चाहिए।

न्यूरोसाइंस (तंत्रिका विज्ञान) की कई ऐसी उपयोगी चीज़ें हैं, जो इस बातचीत में जोड़ी जा सकती हैं। इसका शुरुआती बिंदु था, जॉर्ज ए. मिलर

का सन 1956 का एक रिसर्च पेपर। इसका शीर्षक था, 'द मैजिकल नंबर सेवेन, प्लस ऑर माइनस टू: सम लिमिट्स ऑन अवर कैपेसिटी फॉर प्रॉसेसिंग इन्फॉरमेशन।' शीर्षक से स्पष्ट है कि इस रिसर्च पेपर का निष्कर्ष क्या था। पर समय के साथ विज्ञान ने इस संख्या को कम कर दिया है। इसलिए अब आमतौर पर ये माना जाता है कि वास्तव में 'चार' वह आदर्श संख्या है, जिस पर हम सूचनाएँ एकत्र कर सकते हैं। एक लिहाज से यह ऐसा है, मानो हमारा अचेतन मन कुछ इस प्रकार गिनती करता है: एक, दो, तीन, चार... बहुत सारे। शायद इसीलिए हमें चार सदस्योंवाले म्यूजिक बैंड के लोगों का नाम तो याद रहता है, लेकिन पाँच या उससे ज़्यादा सदस्यों वाले बैंड के लोगों का नहीं।

जब आप पूछते हैं, 'और कुछ?' तो उस समय आपका उद्देश्य ढेर सारे विकल्प पैदा करना नहीं होता। बल्कि ये देखना होता है कि सामनेवाले के विचार क्या हैं (और खुद को अपने विचारों के आधार पर आगे बढ़ने से रोकना) अगर आपको तीन से पाँच जवाब मिलते हैं, तो इसका अर्थ है कि आप अपने उद्देश्य में सफल रहे हैं।

सही मौका ढूँढ़ना

'और कुछ?' इतना उपयोगी सवाल है कि आप इसे करीब-करीब किसी भी किस्म की बातचीत का हिस्सा बना सकते हैं। उदाहरण :

* जब आप किसी से पूछें, 'आपके मन में क्या चल रहा है?' और वह इसका जवाब दे, तो बदले में उससे पूछें, 'और कुछ?'
* जब कोई आपको बताए कि वह आगे क्या करने का इरादा रखता है, तो उसे ये कहकर चुनौती दें, 'क्या और कुछ भी ऐसा है, जो आप कर सकते हैं?'
* जब आप समस्या की जड़ का पता लगाने की कोशिश करते हैं और

सामनेवाले से पूछते हैं, 'यहाँ आपकी असली चुनौतियाँ क्या है?' तब अगर उसका पहला जवाब अस्पष्ट, नीरस और संकोच भरा हो, तो यह पूछकर ज़रा गहराई में जाने की कोशिश करें कि 'यहाँ आपके लिए और कुछ चुनौतियाँ क्या हैं?'

* जब आप यह पूछकर अपनी साप्ताहिक चेक-इन मीटिंग शुरू करते हैं कि 'फिलहाल क्या महत्वपूर्ण है?' तो अपने सवाल पर जोर देने के लिए पूछें, 'और कुछ?'

* जब कोई किसी नए विचार को सामने रख रहा हो, तो साहस व संभावना की नई सीमाओं का पता लगाएँ और चर्चा की बागडोर अपने हाथ में रखने और संभावनाओं को गहन बनाने के लिए पूछें, 'क्या और कुछ भी संभव हो सकता है?'

* जब आप नए विचारों पर विमर्श कर रहे हों और बीच में अटकना न चाहते हों, तो माहौल की ऊर्जा बनाए रखने के लिए पूछें, 'और कुछ?'

अपनी नई आदत यहाँ निर्मित करें

जब ऐसा हो...

उन पलों को, लोगों को और संभवत: उन भावनाओं को भी कागज पर लिखना, जो आपका ट्रिगर हैं।

'और कुछ?' सवाल इतना कारगर इसलिए है क्योंकि इसके चलते सामनेवाला नए-नए विकल्प बताता रहता है और आप चुप रहते हैं। इसलिए यहाँ ट्रिगर इसका उल्टा है। यह तब होता है, जब कोई आपको एक विचार दे या जब आप कोई सलाह देना चाहें या फिर जब आप इस बात को लेकर निश्चिंत हों कि आपको जवाब मालूम है और आप वह जवाब बताने के लिए उत्सुक हों या फिर जब उसने अब तक ये न कहा

हो, 'और कुछ भी नहीं है।'

तो बजाय ये करने के...

अपनी उस पुरानी आदत को स्पष्टता के साथ कागज पर लिखना, जिसे आप छोड़ना चाहते हैं।

आमतौर पुरानी आदत का संबंध, समय से पहले ही दोबारा सलाह या समाधान देने से होता है। यह कुछ इस प्रकार हो सकती है: पहले विचार को ही स्वीकार करके आगे बढ़ जाना या फिर दूसरे या तीसरे विचार को ही स्वीकार करके आगे बढ़ जाना; इससे पहले कि अन्य लोग आपसे अपने सारे विचार साझा करें, उन्हें अपना सबसे शानदार विचार बता देना; यह मान लेना कि आप समस्या को समझते हैं या उसका समाधान जानते हैं; या फिर नियंत्रण अपने हाथ में लेना और बातचीत खत्म करना।

मैं ये करूँगा...

अपनी नई आदत का वर्णन करना।

यह करीब-करीब निश्चित रूप से कुछ ऐसा होगा, 'मैं सामनेवाले से पूछूँगा, 'और कुछ?''

अगर आप सही जवाब ढूँढ़ना चाहते हैं, तो पहले सही सवाल पूछें।

- वेनेसा रेडग्रेव

बॉक्स ऑफ क्रेयॉन्स लैब की ओर से

अगर हम यह दावा कर रहे हैं कि 'और कुछ?' सवाल दुनिया में कोचिंग का सर्वश्रेष्ठ सवाल है – जी हाँ, हम सचमुच यह दावा कर रहे हैं – तो इस सवाल के पीछे का विज्ञान समझना हमारे लिए वाकई उपयोगी होगा। जब हमने इस चुनौती को अपनी रिसर्चर लिंडसे के सामने रखा, तो

वह हमारे लिए कुछ सार्थक अंतर्दृष्टियाँ ढूँढ़कर लाई।

उसने जो पहला रिसर्च पेपर उद्धृत किया, वह 1929 में प्रकाशित हुआ था। इस अध्ययन में पाया गया था कि जब छात्रों को सच-या-झूठ जैसे दो विकल्पवाले सवालों का जवाब दोबारा देने के लिए कहा गया, तो पुनर्विचार का मौका मिलने के चलते उन्हें ज़्यादा सवालों का सही जवाब देने में मदद मिली। इन छात्रों ने उस दूसरे छात्र-समूह के मुकाबले बेहतर प्रदर्शन किया, जिसे जवाब देने का दूसरा मौका तो मिला, पर जिसने पहला मौका मिलने पर अपने जवाबों को कागज पर नहीं लिखा था। इस दूसरे समूह ने पहले समूह के मुकाबले बुरा प्रदर्शन किया। इसीलिए ऐसा लगता है कि किसी एक जवाब के प्रति प्रतिबद्ध होने और फिर उस पर दोबारा सोच-विचार करने का मौका मिलने से सटीकता बढ़ जाती है। कुछ हालिया अध्ययनों से पता चलता है कि चूँकि एक फॉलो-अप सवाल पूछने से और विस्तृत ढंग से सोच-विचार करने को बढ़ावा मिलता है (जैसे 'और कुछ?') इसलिए इससे समझ और भागीदारी में गहनता लाने में भी मदद मिलती है।

लिंडसे जो दूसरा अध्ययन ढूँढ़कर लाई, उसमें मनोवैज्ञानिकों ने तीन साल की उम्रवाले बच्चों को कोई शरारत करने का मौका दिया - पर्दे के पीछे छिपाकर रखे गए खिलौने को ताक-झांक करके देखना - और फिर उनसे पूछा गया कि क्या उन्होंने ताक-झांक की। करीब आधे से ज़्यादा बच्चे, जिन्होंने ताक-झांक की थी, उन्होंने झूठ बोलते हुए इस बात से साफ इंकार कर दिया कि उन्होंने सचमुच कोई ताक-झांक की है। जबकि इसके तुरंत बाद उनमें से ज़्यादातर ने 'वहाँ कौन सा खिलौना रखा है?' सवाल का बिलकुल सही और सटीक जवाब भी दे दिया। हम भी इन नन्हें बच्चों से ज़्यादा अलग नहीं हैं। आमतौर पर सिर्फ दोबारा पूछने भर से कोई न कोई ऐसी बात सामने आ जाती है, जो पर्दे के पीछे छिपी हुई थी। और ऐसा करने का सबसे प्रभावी तरीका है, 'और कुछ?' सवाल पूछना।

सवाल की मास्टरक्लास भाग 3

क्या आपको आलंकारिक सवाल पूछने चाहिए?

मशहूर हॉलीवुड फिल्म द गॉडफादर में एक खतरनाक गैंगस्टर का किरदार निभानेवाले अभिनेता मर्लन ब्रांडो जब फिल्म में अपने फूले हुए गालों के साथ यह डायलॉग बोलते हैं कि 'मैं उसे ऐसा प्रस्ताव दूँगा, जिसे वह ठुकरा नहीं पाएगा,' तो दरअसल इसका मतलब ये होता है कि अगर सामनेवाले ने उनका प्रस्ताव ठुकराने की हिम्मत की, तो उसे अपने बिस्तर पर खून से सना हुआ घोड़े का कटा सिर पड़ा मिलेगा, जो इस बात का संकेत होगा कि जल्द ही उसका सिर भी इसी तरह काट दिया जाएगा।

स्वाभाविक है कि आप अपना काम निकालने के लिए ऐसा पागलपन नहीं करेंगे। आपका तरीका इससे कहीं ज़्यादा सभ्य होगा। अब आप जानते हैं कि बेहतर होगा, अगर आप कम सलाह दें और ज़्यादा सवाल पूछें। साथ ही अपने मन में आपको पूरा यकीन भी होगा कि जिस समस्या पर चर्चा हो रही है, आपको उसका समाधान अच्छी तरह मालूम है। यानी अब आपने नकली सवाल पूछने में महारत हासिल कर ली है।

'क्या आपने ये सोचा है कि... ?'

'और उसका क्या... ?'

'क्या आपने इस बारे में विचार किया है कि... ?'

सवाल पूछने के बहाने सलाह देना बंद करें

क्योंकि सवाल को सलाह के भेस में सामने रखने का अर्थ ये नहीं है कि आपने सचमुच सवाल पूछा है।

अगर आपके पास एक विचार है, तो ज़रा रूकें। पहले पूछें, 'और कुछ?' जिसके जवाब में आमतौर पर सामनेवाला भी वही विचार सामने रख देगा, जो आपके मन में उठ रहा है। और अगर सामनेवाला ऐसा नहीं करता है, तब आप अपना विचार सामने रख सकते हैं – पर सिर्फ एक विचार के रूप में, न कि एक नकली सवाल के रूप में।

ये रही आपकी नई आदत

जब ऐसा हो...

मेरे पास समाधान है, जिसे मैं सुझाव के रूप में बताना चाहता हूँ।

तो बजाय ये करने के...

'क्या आपने ये सोचा है कि... ?' या 'और उसका क्या... ?' जैसा कोई नकली सवाल पूछना, जो कुछ और नहीं बल्कि सवाल पूछने के बहाने सलाह देना ही है।

मैं ये करूँगा...

सात प्रमुख सवालों में से एक सवाल पूछना। और अगर कोई विचार प्रस्तुत करना हो, तो उसे सवाल के बजाय एक विकल्प के रूप में प्रस्तुत करना।

ध्यान केंद्रित करने का सवाल

इसमें आप जानेंगे कि गलत समस्या को हल करने में अपना कीमती समय और ऊर्जा खर्च करना कैसे बंद करें।

एक प्रकार का यूरेका

विज्ञान की दुनिया संयोगवश हुई शानदार खोजों से भरी पड़ी है। विलियम पर्किन ने मलेरिया का इलाज ढूँढ़ते–ढूँढ़ते एक दिन अचानक दुनिया की पहली सिन्थेटिक डाई मॉवीन बना ली। एन्ड्र्यू फ्लेमिंग अपनी लैब को ठीक से साफ किए बिना ही छुट्टियों पर चले गए और जब लौटे तो उन्हें दुनिया की पहली एंटीबायोटिक पेनिसिलिन मिल गई। पोस्ट–इट नोट्स की सफलता का श्रेय भी एक नाकाम गोंद को जाता है। इसी तरह वियाग्रा को मूल रूप से एन्जिना नामक रोग से निपटने के लिए तैयार किया गया था।

लेकिन दुभार्ग्यवश आपके संगठन में कुछ भी संयोगवश नहीं होता। अगर आपके संगठन की संस्कृति भी उन आम संगठनों जैसी ही है, जिनका अनुभव मुझे है, तो इसका अर्थ है कि वह एक ऐसा स्थान होगा, जहाँ काम को पूरा करना या मनचाहा परिणाम हासिल करना पसंद किया जाता है। और अगर आप भी उन अधिकांश मैनेजरों जैसे हैं, जिनके साथ मैंने काम किया है, तो इसका अर्थ है कि आप सचमुच इसे अच्छी तरह समझना चाहते हैं।

चुनौती ये है कि सालों तक आपकी जो कंडीशनिंग हुई है, उसके चलते जैसे ही किसी समस्या के लक्षण आपकी नज़र में आते हैं, तो आपकी नस-नस में उसे हल करने की, उसे सुधारने की, उसका समाधान करने की छटपटाहट पैदा हो जाती है। यह पावलोवियन कंडीशनिंग (रूसी फिजियोलॉजिस्ट आई.पी. पावलोव द्वारा वर्णित अनुकूलन) है। इसीलिए पूरी दुनिया में आपके जैसे संगठनों के लोग खासी मेहनत करके उन समस्याओं के अच्छे समाधान दे रहे हैं, जो वास्तव में ज़्यादा मायने ही नहीं रखतीं। और इस चक्कर में अक्सर वास्तविक चुनौतियों की ओर किसी का ध्यान नहीं जाता।

जब लोग आपसे उस चुनौती के बारे में बात करना शुरू कर दें, जिसे वे फिलहाल सुलझा रहे हैं, तो याद रखें कि वे आपको जो बता रहे हैं, वह वास्तविक समस्या शायद ही हो। जब आप अचानक आकर चीज़ों को ठीक करना शुरू करते हैं, तो तीन प्रकार की गड़बड़ होती है: आप गलत समस्या का समाधान ढूँढ़ रहे हैं; आप वह कर रहे होते हैं, जो आपकी टीम को करना चाहिए; और वह काम पूरा नहीं होता।

आप गलत समस्या का समाधान ढूँढ़ रहे हैं

हो सकता है कि आपने उस चुनौती से निपटने का एक शानदार तरीका ढूँढ़ निकाला हो, जिसके बारे में आपकी टीम चर्चा कर रही है। हालाँकि वे जिस चुनौती पर चर्चा कर रहे हैं, संभव है कि वह असली चुनौती हो ही न, जिससे निपटने की ज़रूरत है। क्योंकि आपकी टीम तो किसी भी चीज़ पर चर्चा कर सकती है, जैसे कोई लक्षण, कोई कम महत्वपूर्ण मुद्दा, कोई पिछली समस्या जिससे सब परिचित हों या फिर किसी अस्पष्ट मुद्दे का आधा-अधूरा समाधान।

आपकी नस-नस में समस्या को हल करने, उसे सुधारने, उसका समाधान करने की छटपटाहट

पैदा हो जाती है।

जब आप स्वयं समस्या का समाधान कर रहे हों

आपकी टीम ने आपको अच्छी तरह सिखा दिया है कि आप उनका काम करते रहें। इसलिए जब भी कोई समस्या सामने आती है, तो वे खुद उसे हल करने के बजाय आपके पास चले आते हैं। कभी-कभी तो ऐसा लगता है कि यही बेहतर है क्योंकि ऐसा करना आपके लिए और उनके लिए ज़्यादा आसान होता है, बजाय इसके कि वे खुद समस्या को हल करें। लेकिन शायद आपने गौर किया होगा कि अपने काम के साथ-साथ अपनी टीम के कुछ सदस्यों का काम भी खुद ही करने के चक्कर में आपके काम का बोझ बढ़ गया है और आप उस बोझ के तले दबे जा रहे हैं। इस अवस्था में अगर आप किसी थेरेपिस्ट के ऑफिस में होते, तो वह बड़ी समझदारी से सिर हिलाते हुए बुदबुदाती, 'हम्म... सह-निर्भरता।'

जब आप समस्या का समाधान न कर रहे हों

ऐसा तो नहीं है कि आपके ऊपर अपने काम का दबाव नहीं है और अब तो दूसरों की समस्याएँ हल करने की जिम्मेदारी भी आपके कंधों पर आ गई है। हो सकता है कि आपके पास उनकी समस्या का कोई हल न हो। इसलिए आप उनके ई-मेल को अनदेखा कर देते हैं या उनके भेजे हुए दस्तावेज को दराज में डालकर भूल जाते हैं या फिर आप उन्हें ये कहकर टाल देते हैं कि आप जल्द ही समस्या का हल ढूँढ़ने की कोशिश करेंगे। पर इस तरह आप अचानक ही विकास की राह में बाधा बनने लगते हैं। न सिर्फ आपकी टीम आप पर ज़रूरत से ज़्यादा निर्भर है बल्कि अब आप भी इस बात के चलते इतने दबाव में हैं कि आपकी परिणाम हासिल करने की गति धीमी होने लगी है, जिससे बाकी लोग और उनका काम भी धीमा हो जाता है। अब आप सबसे बड़ा रोड़ा बन गए हैं।

समस्या नज़र आते ही आपको उसे सुलझाने के लिए कूद पड़ने के

प्रलोभन से बचना होगा। आपको खुद को (और अपनी टीम को भी) अपने सामने आनेवाली पहली समस्या में उलझने से रोकना होगा। ज़रा ठहरें और शांति से हालात का जायज़ा लें। बस इतना करके ही आप समस्या की जड़ तक पहुँच सकते हैं। और ये रहा वह सवाल, जिससे सबसे ज़्यादा फर्क पड़ता है:

ध्यान केंद्रित करने का सवाल: यहाँ आपके लिए असली चुनौती क्या है?

यही वह सवाल है, जो आपको जल्दबाज़ी करने से बचाएगा ताकि आप अपना कीमती समय वास्तविक समस्या को सुलझाने में खर्च करें, न कि सिर्फ अपने सामने आनेवाली पहली समस्या को सुलझाने में। ध्यान दें कि इस सवाल का वाक्य विन्यास ज़रा अलग किस्म का है। आगे इसी सवाल के कुछ अन्य वाक्य-विन्यास भी दिए गए हैं और बताया गया है कि यही वाक्य-विन्यास सबसे कारगर क्यों है:

* **चुनौती क्या है?** इस सवाल में छिपी जिज्ञासा आपको सही दिशा में ले जा रही है पर ये वाक्य-विन्यास ऐसा है कि सवाल ज़रा अस्पष्ट सा लगता है। संभवत: इस सवाल से या तो एक स्पष्ट जवाब सामने आएगा या फिर ऐसा जवाब, जो ज़रा अस्पष्ट सा होगा (या फिर वह जवाब इन दोनों प्रकारों का संयोजन होगा) आमतौर पर इनमें से कोई भी जवाब मददगार साबित नहीं होता।
* **यहाँ असली चुनौती क्या है?** इस सवाल से लगता है कि चुनौतियाँ तो कई हैं, लेकिन आपको वह चुनौती ढूँढ़नी होगी, जो सबसे ज़्यादा मायने रखती है। जब सवाल का वाक्य-विन्यास ऐसा होता है, तो आमतौर पर लोग जल्दबाजी में कोई कदम उठाने के बजाय गहनता से सोचने पर मजबूर हो जाते हैं।
* **यहाँ आपके लिए असली चुनौती क्या है?** किसी परिस्थिति में बड़ी

या अमूर्त चुनौतियों के बारे में सिद्धांतवादी बातें करना लोगों के लिए बड़ा आसान होता है। इस सवाल में 'आपके लिए' जैसे दो शब्द जोड़ देने से यह उस व्यक्ति के लिए व्यक्तिगत मामला बन जाता है, जिससे आप यह सवाल पूछ रहे हैं। इससे वह अपने अंदर चल रहे संघर्ष का सामना करने और यह पता लगाने के लिए मजबूर हो जाता है कि अब उसे आगे क्या करना होगा।

असली समस्या पर ध्यान केंद्रित करें, न कि अपने सामने आनेवाली पहली समस्या पर।

ध्यान केंद्रित करने के सवाल से अस्पष्टता की धुँध कैसे छँट जाती है

अब जबकि आप जानते हैं कि ध्यान केंद्रित करने का सवाल कैसे तैयार किया जाता है, आप देखेंगे कि कैसे यह सवाल आपके और उस व्यक्ति के बीच उभरनेवाले सारे आम लेकिन निष्प्रभावी पैटर्नस् से पार पा लेता है, जिसे आप कोचिंग दे रहे हैं। जब आप चुनौती पर ध्यान केंद्रित करने की कोशिश करते हैं, तब ये पैटर्न ही चीज़ों को अस्पष्ट रखते हैं। बॉक्स ऑफ क्रेयॉन्स में हम इन पैटर्नस् को धुँध का गुबार कहते हैं। इनमें से तीन सबसे आम पैटर्न हैं- चुनौतियों का प्रसार, शैतान की कोचिंग और अमूर्तता व सामान्यीकरण।

चुनौतियों का प्रसार

आपने 'सात प्रमुख सवालों' में से पहले सवाल पर महारत हासिल कर ली है। अब आप पूरे आत्मविश्वास के साथ चुनौती का सामना करते हैं और पूछते हैं, 'तो, आपके मन में क्या चल रहा है?'

और इसके जवाब में सामनेवाला कहता है, 'हमारा वेबसाइट प्रोजेक्ट शुरू हुए अभी सिर्फ तीन हफ्ते हुए हैं, पर हम अभी से अपने लक्ष्य से एक महीना पीछे चल रहे हैं। ऊपर से एल्बर्टो का व्यवहार एक बार फिर ज़रा

अजीब हो गया है, वह मौन को भी संवाद मान बैठता है। इसके अलावा हमें मार्केटिंग टीम से इसके लॉन्च को लेकर कोई प्रतिक्रिया भी नहीं मिल रही है और मैं प्रोजेक्ट टॉपिक थंडर के बजट को लेकर भी चिंतित हूँ। और आज जब मैं अपनी गाड़ी ड्राइव करते हुए आ रहा था, तो अचानक उसके इंजन से 'टक टक टक' की आवाज आने लगी...।'

अगर आपने कभी किसी को ऑस्ट्रेलियाई आदिम वाद्य यंत्र डिगेरिडू बजाते हुए देखा है, तो आपको पता होगा कि उसे देखकर ऐसा लगता है, मानो वादक बिना साँस लिए अपने मुँह से लगातार हवा फूँक रहा है और वाद्य यंत्र बज रहा है। दरअसल उस समय वह सर्कुलर ब्रीदिंग (नाक से साँस लेना और मुँह से छोड़ना) कर रहा होता है। कभी आप भी आज़माकर देखिए। यह करना सचमुच असंभव लगता है। लेकिन स्पष्ट है कि आपने सामने बैठे उस व्यक्ति के लिए यह असंभव नहीं है। 'तो, आपके मन में क्या चल रहा है?' इस प्रकार के एक छोटे से सवाल से उसके अंदर की चिंताओं की एक अंतहीन धारा उजागर हो जाती है।

हो सकता है कि आपने 'सात प्रमुख सवालों' में से दूसरे सवाल पर भी महारत हासिल कर ली हो। लेकिन फिलहाल इस बिंदु पर आप यह कतई नहीं पूछेंगे, 'और कुछ?' क्योंकि आप पहले से दबाव में हैं।

सारी समस्याओं के सूचीबद्ध होने से, आप थोड़ी चिंता का अनुभव करते हैं। पर चिंता के साथ-साथ संतुष्टि का भाव भी होगा। क्योंकि इतनी सारी समस्याएँ स्पष्ट होने से, आप एक ऐसी अवस्था में हैं, जहाँ से सुझाव देते हुए आप कई तरीकों से मदद कर सकते हैं। बस सवाल ये है कि शुरुआत कहाँ से करें: क्या अपने सामने आनेवाली पहली चुनौती से शुरुआत की जाए या फिर उस चुनौती से, जिसका समाधान करने को लेकर आप सबसे अधिक आश्वस्त हैं?

या फिर - ये रही आपकी नई आदत - उपरोक्त में से कोई भी नहीं।

सलाह या समाधान देनेवाले मोड में जाने के बजाय आप ध्यान केंद्रित करने का सवाल पूछते हैं: 'यहाँ आपके लिए असली चुनौती क्या है?'

एक अच्छे सवाल के बिना, एक अच्छे जवाब का कोई अस्तित्व नहीं होता।

-क्लेटन क्रिस्टेंसेन

चुनौतियाँ बढ़ने के लक्षण

क्या आपने कभी पॉपकॉर्न बनाए हैं? पहले एक दाना चटकता है। फिर एक और। इसके बाद एक और। फिर सारे दाने तेजी से चटकने लगते हैं। समस्याएँ भी ठीक इसी तरह बढ़ती हैं।

चुनौतियाँ बढ़ने से रोकना

अपने सामने मौजूद तमाम चुनौतियों में से एक चुनौती को शुरुआती बिंदु के रूप में चुनने और फिर उस पर काम करने के प्रलोभन से बचें। (भले ही आप इस बात को लेकर पूरी तरह निश्चिंत हों कि आपको कौन सी चुनौती का चुनाव करना है।) इसके बजाय, कुछ ऐसा सवाल पूछें:

'अगर आपको इनमें से किसी एक चुनौती पर ध्यान केंद्रित करने का चुनाव करना हो, तो आप किसे चुनेंगे?'

शैतान की कोचिंग

'आपके मन में क्या चल रहा है?' आप सच्ची जिज्ञासा के साथ पूछते हैं।

'मैं जॉन के बारे में सोच रहा हूँ।'

'जॉन के बारे में?'

'हाँ। जॉन सचमुच किसी बुरे सपने से कम नहीं है। मैं आज तक

किसी ऐसे व्यक्ति से नहीं मिला, जो अपने वर्तमान काम पर ध्यान केंद्रित करने के मामले में इतना नकारा हो। जॉन हर चमकती हुई चीज़ को सोना मान बैठता है। उसका ध्यान कभी एक जगह नहीं टिकता। वह हमेशा हवाई किले बनाता रहता है। उसके साथ काम करना सचमुच एक सरदर्द है।'

'क्या? सचमुच? ज़रा मुझे और विस्तार से बताओ,' आप प्रोत्साहित करते हुए कहते हैं।

'अरे ये तो कुछ भी नहीं है। दरअसल सच और वास्तविकता के साथ जॉन का रिश्ता बड़ा कमजोर है। ऐसा नहीं है कि वह झूठ बोल रहा होता है। बस बात ये है कि जॉन के मामले में सच और झूठ के बीच कोई सीमारेखा नहीं होती।'

'ओह! अच्छा! और कुछ?'

'हाँ! एक बार तो उसने...'

और बस, इस तरह अगले पैंतालीस मिनट तक जॉन के बारे में आप दोनों के बीच बातें होती रहती हैं। इसमें कोई दोराय नहीं है कि यह सचमुच एक मजेदार बातचीत है, जिसके अंत में आप दोनों ही बेहतर महसूस करते हैं। और इसका पूरा श्रेय इस बात को जाता है कि जॉन में कितनी सारी कमियाँ हैं और उसके मुकाबले आप दोनों कितने श्रेष्ठ हैं। आपको यह भी महसूस होता है कि आपने सामनेवाले को बढ़िया कोच किया। क्योंकि आपने न सिर्फ उसकी पूरी बात ध्यान से सुनी बल्कि आप दोनों के बीच गहन जुड़ाव भी पैदा हो गया।

लेकिन इसे कोच करना नहीं कहते, न ही इसे मैनेज करना कहते हैं। असल में ये बेकार की गपशप करना है या फिर अगर और स्पष्ट शब्दों में कहा जाए, तो ये 'चुगलखोरी' करना है।

यहाँ सबसे महत्वपूर्ण है, ये स्पष्ट होना कि आप सिर्फ अपने सामने

मौजूद व्यक्ति को ही कोच कर सकते हैं। भले ही किसी तीसरी चीज़ (जो कि आमतौर पर कोई तीसरा व्यक्ति ही होता है, पर कभी-कभी ये कोई प्रोजेक्ट या कोई परिस्थिति भी हो सकती है) के बारे में बात करना कितना भी आकर्षक या मजेदार लगे पर आपके लिए ज़रूरी यही है कि आप अपने सामने बैठे व्यक्ति की चुनौतियों को सामने लाएँ। तो उपरोक्त उदाहरण में यह बातचीत कोचिंग से संबंधित सिर्फ तभी होगी, जब बातचीत का विषय जॉन नहीं बल्कि ये बिंदु हो कि आपके सामने बैठा व्यक्ति जॉन को कैसे मैनेज कर रहा है।

और इस बिंदु पर आपको लेकर जाएगा ध्यान केंद्रित करने का सवाल: 'तो यहाँ आपके लिए असली चुनौती क्या है?'

शैतान की कोचिंग के लक्षण

वह लगातार किसी तीसरे व्यक्ति के बारे में बात करेगा। जैसे अपने बॉस की बुराई करना... किसी ग्राहक के साथ हुई बातचीत पर शिकायती लहजे में चर्चा करना... टीम के किसी सदस्य को लेकर चिंतित होना या फिर किसी प्रोजेक्ट या परिस्थिति के बारे में नई प्रक्रियाओं पर शिकायती प्रतिक्रिया देना... प्रोजेक्ट की बढ़ती ज़रूरतों पर परेशान होना... या व्यावसायिक इकाई के पुनर्गठन के प्रभावों को लेकर चिंता जताना।

शैतान की कोचिंग के लिए समाधान

बातचीत को वापस उस व्यक्ति पर केंद्रित करें, जो आपके सामने बैठा है। जो भी हो रहा है, उसे स्वीकार करें और फिर ध्यान केंद्रित करने का सवाल पूछें। जो कुछ इस प्रकार का होगा:

'देखिए, मैं समझता हूँ कि (यहाँ व्यक्ति या परिस्थिति का नाम दर्ज करें) के साथ क्या चल रहा है। पर यहाँ आपके लिए असली चुनौती क्या है?'

अमूर्तता व सामान्यीकरण

आप सीधे शब्दों में पूछते हैं, 'तो, आपके मन में क्या चल रहा है?'

'मुझे खुशी है कि आपने मुझसे पूछा। पता नहीं आपने इसके बारे में एचबीआर की ताज़ा ब्लॉग पोस्ट पढ़ी है या नहीं, पर उसमें रणनीति और संस्कृति के बीच के संघर्ष पर कुछ दिलचस्प विचार पेश किए गए हैं। और मैं जानती हूँ कि यह भी प्रोजेक्ट का ही हिस्सा है और इस पर हमारी नज़र भी रहती है। हमारी सीनियर टीम भी यह विचार कर रही है कि...'

आप सहमति में सिर हिलाते हैं और उम्मीद करते हैं कि वह जल्द ही असली मुद्दे पर आ जाएगी।

'मुझे लगता है कि आमतौर पर सांस्कृतिक बदलाव के साथ चुनौती ये होती है कि लीडर्स के अनुभवों और हम बाकी लोगों के अनुभवों में काफी फर्क होता है। मैंने सुना है कि इसे 'मैराथन इफेक्ट कहते हैं,' जिसका अर्थ है कि संगठन की लीडरशीप बाकी लोगों से पहले ही सीम रेखा पार करके रेस पूरी कर लेती है। इस बारे में एडगर शेहेन ने अपनी किताब में कुछ दिलचस्प बातें कही हैं कि...'

अब आपका मन डूबने लगता है। शायद वह इसी तरह बोलती रहेगी और कभी असली मुद्दे पर नहीं आएगी।

ऐसा नहीं है कि इस तरह की बातचीत दिलचस्प नहीं होती। लेकिन आमतौर पर ऐसी बातचीत किसी अकादमिक चर्चा जैसी लगने लगती है या फिर ऐसा लगता है, मानों कोई अधिकारी संगठन की गतिविधियों का ब्यौरा दे रहा हो। बस यह स्पष्ट नहीं होता कि आखिर यह बातचीत एक ऐसी चर्चा में कैसे तब्दील होगी, जहाँ समस्या की पहचान करके उसका समाधान ढूँढ़ा जाए।

यही वह समय है, जब आपको ध्यान केंद्रित करने का सवाल पूछ

लेना चाहिए: 'तो, यहाँ आपके लिए असली चुनौती क्या है?'

अमूर्तता व सामान्यीकरण के लक्षण

संगठन में क्या चल रहा है, इस बारे में विस्तृत दृष्टिकोण के साथ उच्च-स्तरीय बातचीत हो रही है। ऐसा लगता है, मानों आपके सामने बैठा व्यक्ति, जो इस विषय पर बात कर रहा है, वह खुद इसका हिस्सा है ही नहीं बल्कि सिर्फ एक अवलोकनकर्ता है। ऐसे में अक्सर 'हम' और 'हमारे' के बारे में बातचीत होती है, न कि 'मैं' और 'मेरे' के बारे में।

अमूर्तता व सामान्यीकरण का समाधान

अगर आपको ये महसूस हो रहा है कि आप भटक रहे हैं, तो आपको असली चुनौती को सामने लाने और उसे सामने बैठे व्यक्ति से जोड़ने का कोई तरीका खोजना होगा। 'शैतान की कोचिंग' की तरह ही यह भी बातचीत को वापस उसी व्यक्ति पर केंद्रित करने से जुड़ा है, जो आपके सामने बैठा है। ऐसा करने के लिए आपको कुछ ऐसा सवाल पूछना होगा: 'देखिए, मुझे मोटे तौर पर चुनौती का अंदाजा है। पर यहाँ आपके लिए असली चुनौती क्या है?'

प्रदर्शन से विकास की ओर बढ़ना

शुरुआती सवालवाले अध्याय में मैंने प्रदर्शन के लिए कोचिंग और विकास के लिए कोचिंग के बीच के अंतर पर संक्षेप में चर्चा की थी। प्रदर्शन के लिए कोचिंग आमतौर पर रोज़मर्रा की समस्याओं को सुलझाने से जुड़ी होती है। जबकि विकास के लिए कोचिंग समस्याओं को सुलझाने से कहीं ज़्यादा बड़ी चीज़ों से जुड़ी होती है और यह उस व्यक्ति पर ध्यान केंद्रित करती है, जो समस्याओं को सुलझाने की कोशिश कर रहा है। जैसा कि मैंने कहा, इन दोनों के बीच का अंतर वैसा ही है, जैसा आग में और आग बुझाने की कोशिश में लगे व्यक्ति में होता है।

ज़्यादा से ज़्यादा सवालों की शुरुआत में 'आपके लिए' जैसे शब्द जोड़ना बातचीत को प्रदर्शन के बजाय विकास उन्मुख बनाने की एक आम तकनीक है। जी हाँ, समस्या का समाधान तो इस तरह भी हो ही जाएगा। लेकिन 'आपके लिए' का उपयोग करने से अक्सर अतिरिक्त व्यक्तिगत अंतर्दृष्टि भी मिलती है। इस व्यक्तिगत अंतर्दृष्टि से क्षमता भी बढ़ती है और विकास भी ज़्यादा होता है।

आपके लिए इस सवाल को कारगर बनाने की तीन रणनीतियाँ

अब आप जानते हैं कि ध्यान केंद्रित करने का सवाल कितना कारगर है। आगे आपको कुछ ऐसे नुस्खे बताए जा रहे हैं, जिनसे आप सुनिश्चित कर सकें कि यह सवाल आपके मामले में भी उतना ही कारगर साबित हो।

विश्वास रखें कि आप उपयोगी साबित हो रहे हैं

जब आप सलाह देने और समाधान बताने की प्रवृत्ति छोड़कर सवाल पूछने की प्रवृत्ति अपनाएँगे, तो ज़रा चिंतित महसूस करेंगे: 'मैं तो सिर्फ सवाल ही पूछ रहा हूँ। इन लोगों को जल्द ही लगने लगेगा कि मैं सवाल पूछने के अलावा और कुछ नहीं कर रहा।'

उस क्षण की पहचान करना सीखें, जब आप सवाल पूछने के बाद पलभर का विराम लेते हैं। आप देखेंगे कि सामनेवाला क्षणिक सोच-विचार करके आपके सवाल का जवाब ढूँढ़ रहा है। उस क्षण में आप काफी हद तक नए न्यूरल कनेक्शंस बनते देख सकेंगे।

अपने आपको और अधिक आश्वस्त करने के लिए सात प्रमुख सवालों में से आखिरी सवाल पर महारत हासिल करें: 'यहाँ आपके लिए सबसे उपयोगी क्या था?' तब आप सामनेवाले के लिए और साथ ही अपने लिए सीखने का अवसर पैदा करते हैं।

याद रखें कि आपको सिर्फ उचित अवसर पर ही सलाह देनी है

जब कोई अचानक आपके केबिन में आकर पूछता है, 'क्या आपको पता है कि फोल्डर कहाँ रखा है?' तो बस उसे बता दें कि फोल्डर कहाँ रखा है। ये न पूछें कि 'यहाँ तुम्हारे लिए असली चुनौती क्या है?' क्योंकि ऐसा करना बड़ा खिझाऊ होगा। (हालाँकि ऐसा करने का ये लाभ ज़रूर है कि लोग अचानक आकर आपके काम में व्यवधान डालना बंद कर देते हैं इसलिए इस युक्ति को पूरी तरह न त्यागे।) एक मैनेजर और एक लीडर होने के नाते आपकी एक भूमिका ये है कि आपके पास सवालों के जवाब होने चाहिए। हमारी कोशिश सिर्फ ये है कि अपनी इस भूमिका पर खरा उतरने की प्रवृत्ति आपकी स्थाई आदत न बन जाए।

दूसरा सवाल याद रखें

एक बार किसी ने कहा था कि बेकन (नमक द्वारा संरक्षित किया गया मांस) के साथ खाने पर हर चीज़ स्वादिष्ट ही लगती है। एक मांसाहारी व्यक्ति होने के नाते मैं इस बात की पुष्टि भी करता हूँ। ठीक इसी तरह 'और कुछ?' जोड़ने पर हर सवाल बेहतर हो जाता है।

यह पूछना अच्छा है कि 'यहाँ तुम्हारे लिए असली चुनौती क्या है?'

पर इसी सवाल में 'और कुछ?' जोड़ने से ये और बेहतर हो जाएगा।

अपनी नई आदत यहाँ निर्मित करें

जब ऐसा हो...

उन पलों को, लोगों को और संभवत: उन भावनाओं को भी कागज पर लिखना, जो आपका ट्रिगर हैं।

हम यहाँ जो पैटर्न तोड़ रहे हैं, वह है, गलत समस्या पर ज़रूरत से ज़्यादा काम करना इसलिए यहाँ आपका ट्रिगर किसी भी चुनौती पर

ध्यान केंद्रित करना हो सकता है। भारी अस्पष्टता के बीच बैठकर अपनी चुनौती की पहचान करने के मुकाबले, सुधार करने के तरीके सुझाना कहीं ज़्यादा सहज लगता है। पर यही वह बिंदु है, जिसमें इस सवाल की शक्ति समाहित है। आपका ट्रिगर ये हो सकता है: जब आपकी टीम किसी चुनौती या प्रोजेक्ट पर चर्चा कर रही हो और वह चर्चा पहले ही समाधानों की दिशा में जा चुकी हो। या फिर जब आपकी टीम का कोई सदस्य किसी समस्या से जूझ रहा हो पर आप इस बात को लेकर निश्चिंत न हों, कि उसे सचमुच अपनी चुनौती का अंदाजा है या नहीं। या फिर जब आप अपने सामने आई चुनौती को लेकर अनिश्चित महसूस कर रहे हों और उसे लेकर चिंतित व भयभीत हों।

तो बजाय ये करने के...

अपनी उस पुरानी आदत को स्पष्टता के साथ कागज पर लिखना, जिसे आप छोड़ना चाहते हैं।

आपकी आँखों के सामने अस्पष्टता का पर्दा पड़ा होना ही वह पुरानी आदत है, जिसे आप तोड़ने की कोशिश कर रहे हैं। तो यहाँ 'बजाय ये करने' का अर्थ है: जब आप अपने सामने आई पहली चुनौती को ही असली चुनौती मान लें; या लोगों को समझाने के लिए चुनौती को अस्पष्ट पर उच्च-स्तरीय चीज़ की तरह पेश करें; या जब आपके सामने बहुत सी चुनौतियाँ हों और आप उन सभी का समाधान ढूँढ़ने में लगे हों; या जब आपको वे सारी चुनौती समान रूप से महत्वपूर्ण लग रही हों; या जब समस्या किसी और व्यक्ति की हो (या जब कोई व्यक्ति ही समस्या हो); या जब आप इस बात पर ध्यान केंद्रित किए बिना सीधे कार्य शुरू कर दें, कि आपके सामने कौन सी चुनौती है।

मैं ये करूँगा...

अपनी नई आदत का वर्णन करना।

मैं निश्चित तौर पर कह सकता हूँ कि ये कुछ ऐसा होगा, 'पूछें कि यहाँ तुम्हारे लिए असली चुनौती क्या है?'

बॉक्स ऑफ क्रेयॉन्स लैब की ओर से

जब हमने अपनी शोधकर्ता लिंडसे को इस सवाल के पीछे सक्रिय विज्ञान की गहराई में जाने को कहा, तो वह ऐसे कई अध्ययन हमारे सामने लेकर आई, जो इस बारे में थे कि ध्यान केंद्रित करने में लोगों की मदद करना कितना मायने रखता है। आपको शायद याद होगा कि मैंने पिछले अध्याय में बैरी श्वाट्र्ज की किताब द पैराडॉक्स ऑफ चॉइस का उल्लेख किया था और आपको बताया था कि ऐसे कई अध्ययन हैं, जो यह दिखाते हैं कि कैसे विकल्प सीमित होने से, दबाव में आने के अवसर और मल्टीटास्किंग की संभावना कम हो जाती है। लेकिन यह सवाल सिर्फ ध्यान केंद्रित करने के वे मौके उपलब्ध कराने तक ही सीमित नहीं है, जो रचनात्मकता को मुक्त और टालमटोल की प्रवृत्ति को विलीन कर देते हैं।

ध्यान केंद्रित करने के सवाल के कारगर होने के पीछे का एक कारण है ये दो शब्द, 'आपके लिए।' गणित के सवालों के विवरण में 'आप' शब्द की मौजूदगी के प्रभावों पर सन 1997 में एक स्टडी की गई थी। इसमें सवालों की एक जटिल श्रृंखला को शामिल किया गया था। स्टडी के अनुसार, जब सवालों के विवरण में 'आप' शब्द शामिल होता है, तो सवाल को दोहराने की ज़रूरत कम पड़ती है और लोग उसे कम समय में अधिक सटीक ढंग से हल कर लेते हैं।

आप लोगों से जो भी सवाल पूछते हैं, उसमें इस अंतर्दृष्टि का लाभ ले सकते हैं। सवाल में 'आपके लिए' जोड़ने से लोगों को न सिर्फ उसका जवाब ढूँढ़ने में मदद मिलती है बल्कि वे अधिक सटीक जवाब देते हैं।

सवाल की मास्टरक्लास भाग 4

वही सवाल पूछें जिनमें 'क्या' शब्द आता हो।

पीटर सेंगे 1990 के दशक में एक बड़ी शख्सियत थे, जब उनकी किताब 'द फिफ्थ डिसिप्लिन' और इसकी लर्निंग ऑर्गनाइजेशन की थीम अचानक अधिकारी वर्ग के बीच हर जगह लोकप्रिय हो गई थी। उन्होंने जो टूल्स बताए थे, उनमें से एक था 'द फाइव व्हाईज।' यह एक स्पष्ट प्रक्रिया थी, जिसमें 'बार-बार सामने आनेवाली हानिकारक समस्या' की जड़ तक पहुँचने के लिए एक कहानी के माध्यम से पीछे की ओर जाया जाता है।

साइमन सिनेक ने अपनी लोकप्रिय किताब 'स्टार्ट विद व्हाई: हाउ ग्रेट लीडर्स इंस्पायर एवरीवन टू टेक एक्शन' में इसी थीम को आगे बढ़ाया। (उनका एक बढ़िया टेड टॉक भी उपलब्ध है।) सिनेक के अनुसार, अगर कोई संगठन लोगों को – अपने ग्राहकों और कर्मचारियों दोनों को – प्रेरित करना चाहता है, तो यह ज़रूरी है कि संगठन इस बात को लेकर पूरी तरह स्पष्ट हो कि वह अस्तित्व में 'क्यों' आया और यह स्पष्टता ही उसका आधार होनी चाहिए।

बेहतर होगा कि आप इन दोनों लेखकों को नज़रअंदाज कर दें।

जी हाँ, संगठनात्मक जीवन में 'क्यों?' वाले सवाल पूछने का अपना एक उचित अवसर, एक उचित समय होता है। एक मैनेजर के रूप में अपनी टीम के साथ कोई गहन बातचीत करते समय ऐसा सवाल पूछना

उचित नहीं है। इसके दो कारण हैं:

- **आप अपनी टीम को रक्षात्मक होने पर मजबूर कर देंगे:** आपकी टोन ज़रा सी भी गड़बड़ हुई और आपका 'क्यों...?' वाला सवाल सुनकर उन्हें ऐसा लगेगा, मानों आप कह रहे हों, 'क्या बकवास है! आखिर आप लोग क्या मानकर बैठे थे?' इसके बाद कुछ भी सकारात्मक नहीं होगा, सिर्फ गड़बड़ ही होगी।
- **आप समस्या को सुलझाने की कोशिश में उलझ जाएँगे:** आप 'क्यों?' वाला सवाल इसलिए पूँछते हैं क्योंकि आप मामले को और विस्तार से जानकर समस्या को सुलझाना चाहते हैं। इस तरह आप अचानक एक बार फिर उस दुष्चक्र में फँस जाते हैं, जहाँ आपकी टीम आप पर ज़रूरत से ज़्यादा निर्भर रहती है और आप अतिरिक्त काम के बोझ से दबे रहते हैं।

अगर आप चीज़ों को सुलझाने की कोशिश नहीं कर रहे हैं, तो आपको किसी बैकस्टोरी की ज़रूरत नहीं है।

वही सवाल पूछें जिनमें 'क्या' शब्द आता है और उन सवालों से बचें, जिनमें 'क्यों' शब्द आता है। यह कोई संयोग नहीं है कि इस किताब में बताए गए सात प्रमुख सवालों में से छह सवाल, 'क्या' वाले सवाल हैं।

ये रही आपकी नई आदत

जब ऐसा हो...

जब मेरे मन में उनसे 'क्यों?' वाला सवाल पूछने का प्रलोभन पैदा हो...

तो बजाय ये करने के...

सवाल को 'क्यों?' शब्द के साथ पूछने के बजाय...

मैं ये करूँगा...

मैं उस सवाल का वाक्य-विन्यास बदलकर उसे 'क्या?' वाला सवाल बना दूँगा। उदाहरण के लिए, ये पूछने के बजाय कि 'आपने ऐसा क्यों किया?' मैं पूछूँगा, 'आप इस मामले में क्या उम्मीद कर रहे थे?' इसी तरह 'आपको ऐसा क्यों लगता है कि ये एक अच्छा आइडिया है?' के बजाय मैं पूछूँगा, 'वह क्या है, जिसके चलते आपने यह कदम उठाने का विकल्प चुना?' इसी तरह 'आप इसे लेकर परेशान क्यों हो रहे हो?' के बजाय मैं पूछूँगा, 'यहाँ आपके लिए क्या महत्वपूर्ण है?'

एक अनूठा संयोजन

पहले तीन प्रमुख सवालों के संयोजन से आपकी कोचिंग संबंधी बातचीत के लिए एक ठोस पटकथा तैयार की जा सकती है।

आप यह देखकर सचमुच हैरान रह जाएँगे कि ये सवाल कितने सारे अवसरों पर पूछने के लिए बिलकुल उपयुक्त हैं।

शुरू करें:

आपके मन में क्या चल रहा है?

बातचीत शुरू करने का सबसे अच्छा तरीका यही है; यह एक खुला, पर केंद्रित सवाल है।

परखें:

क्या आपके मन में कुछ और भी है, जो आप बताना चाहें?

सामनेवाले को इस मसले से जुड़ी अपनी अन्य चिंताएँ साझा करने का विकल्प भी दें।

फिर ध्यान केंद्रित करना शुरू करें:

तो, यहाँ आपके लिए असली चुनौती क्या है?

बातचीत पहले से ही गहन होती जा रही है। अब आपको ये पता लगाना है कि इसमें किस पर गौर करना आपके लिए सबसे उपयोगी होगा।

पूछें:

और कुछ (ऐसा है क्या, जो यहाँ आपके लिए असली चुनौती हो)?
विश्वास कीजिए, सामनेवाले के पास आपको बताने के लिए कुछ न कुछ ज़रूर होगा। इसके अलावा भी उसके पास और बहुत कुछ होगा।

फिर परखें:
इसके अलावा और भी कुछ है क्या?
जो सचमुच मायने रखता है, उसमें से ज़्यादातर आपके सामने होगा।

तो इसकी तह में जाएँ और पूछें:
तो... यहाँ असली चुनौती क्या है?

बुनियादी सवाल

इसमें उस सवाल पर चर्चा होगी, जो वयस्क रिश्तों का केंद्र है।

एक सयाना व्यक्ति कैसे बनें

पीटर ब्लॉक इस विषय के शानदार विचारक हैं कि हम अपने ऑफिस में या कामकाजी माहौल में कैसा व्यवहार करते हैं। उनकी किताबें 'फ्लॉलेस कंसल्टिंग' और 'द आंसर टू हाऊ इज येस' हर उस व्यक्ति को अनिवार्य रूप से पढ़नी चाहिए, जो किसी संगठन में कोई काम पूरा करने की कोशिश कर रहा है। पीटर ब्लॉक अपने काम को कुछ इस प्रकार परिभाषित करते हैं, 'लोगों को उनकी स्वतंत्रता की जिम्मेदारी देना।' यह एक बड़ा कथन है, जो जितने जवाब देता है, उतने ही नए सवाल भी खड़े करता है। इनमें से एक सवाल ये हो सकता है कि 'स्वतंत्रता क्या है?' और इसके जवाब में ब्लॉक कहेंगे कि स्वतंत्रता यानी एक वयस्क के तौर पर अपने ऑफिस आकर काम करने में सक्षम होना और साथ ही अपने आसपास के लोगों के साथ एक वयस्क जैसा व्यवहार करने में सक्षम होना।

बुनियादी सवाल: 'आप क्या चाहते हैं?'

अपनी स्वतंत्रता की जिम्मेदारी लेना बेहद मुश्किल काम है। ब्लॉक ने वयस्क रिश्तों को कुछ इस तरह परिभाषित किया है, 'जहाँ आप

सामनेवाले को यह बता सकें कि आप उससे क्या चाहते हैं, भले ही आपको पता हो कि संभवत: वह इंकार कर देगा।' इसीलिए यह आसान लेकिन शक्तिशाली सवाल इस किताब के केंद्र में है कि 'आप क्या चाहते हैं?' मैं कभी-कभी इसे गोल्डफिश सवाल भी कहता हूँ क्योंकि इस पर मिलनेवाली प्रतिक्रिया गोल्डफिश जैसी ही होती है: डर से चौड़ी होती आँखें और ऐसा मुँह जो बार-बार खुल रहा हो और बंद हो रहा हो पर उससे कोई आवाज न निकल रही हो। दरअसल इस सवाल का जवाब देना इतना मुश्किल इसलिए है क्योंकि :

आमतौर पर हमें ये पता ही नहीं होता कि हम वास्तव में क्या चाहते हैं। भले ही लोग तुरंत इस सवाल का जवाब दे दें पर इसके बाद अगर उनसे पूछा जाए, 'लेकिन आप सचमुच क्या चाहते हैं?' तो संभवत: वे आपका मुँह ताकते रह जाएँगे।

हालाँकि अगर आप जानते हैं कि आपको सचमुच क्या चाहिए, तब भी सामनेवाले को वह बताना आमतौर पर काफी मुश्किल होता है। हम अक्सर खुद को इसके लिए नए-नए कारण देते रहते हैं कि फिलहाल ऐसा करना उचित क्यों नहीं होगा; कभी हमें लगता है कि ये उचित समय नहीं है, कभी हम सोचते हैं कि सामनेवाला निश्चित तौर पर इंकार कर देगा और कभी हमें लगता है कि आखिर हम होते कौन हैं सामनेवाले से खुलकर ये कहनेवाले? यानी हम जो चाहते हैं, वह अक्सर अनकहा ही रह जाता है।

भले ही आपको पता हो कि आप क्या चाहते हैं और भले ही आप सामनेवाले को उसके बारे में बताने का साहस भी रखते हों पर वह आपकी बात को भली-भाँति सुन और समझ भी ले, ये अक्सर थोड़ा मुश्किल होता है। कभी-कभी इसके लिए आप खुद ही जिम्मेदार होते हैं। आप जो चाहते हैं, आपने उसे अपने शब्दों के बीच छिपाने का तरीका ढूँढ़ रखा

होता है; या फिर आपका ध्यान उन विभिन्न उम्मीदों के चलते भटका हुआ होता है, जो कम महत्वपूर्ण है; या फिर आपको विश्वास होता है कि आपने सामनेवाले को जो स्पष्ट संकेत दिए हैं, वे काफी हैं; या फिर आप ये मान लेते हैं कि आपने घुमा-फिराकर जो टिप्पणी की है, वह काफी है। वहीं कभी-कभी अनसुने अनुरोधों के लिए सामनेवाला ही जिम्मेदार होता है। उसका अपना अलग एजेंडा होता है और वह उसी के हिसाब से निर्णय लेता है। या फिर आपने जो कहा होता है, सामनेवाला अपने कन्फर्मेशन बायस (पुष्टि पूर्वाग्रह) के चलते उसे किसी और ढंग से सुन या ग्रहण कर रहा होता है या फिर वह आपकी बात सुनने का सिर्फ दिखावा कर रहा होता है और वास्तव में बिलकुल ध्यान नहीं दे रहा होता।

लेकिन भले ही आपको पता हो कि आप क्या चाहते हैं... भले ही आप सामनेवाले को बता भी दें कि आप क्या चाहते हैं... और भले ही आपको ऐसा लगता हो कि सामनेवाला आपकी बात समझ गया है, तब भी ऐसा जवाब मिलना मुश्किल ही होता है, जो बिलकुल सकारात्मक और स्पष्ट हो। या फिर हो सकता है कि आप जो चाहते हैं, सामनेवाला उसके बजाय आपके सामने कोई और विकल्प रख दे। वहीं दूसरी ओर अगर आप सामनेवाले की जगह पर हो, तो उस समय आपके लिए यह समझना थोड़ा मुश्किल होता है कि वह आपसे जो चाहता है या जो अनुरोध कर रहा है, यह ज़रूरी नहीं है कि उस पर आपका जवाब 'हाँ' ही हो। आप उसे विनम्रता के साथ 'ना' भी कह सकते हैं या फिर उसे कोई और विकल्प भी दे सकते हैं।

आप देख सकते हैं कि 'आप क्या चाहते हैं?' सवाल की नैया पार न लगने के पीछे कई कारण होते हैं। जॉर्ज बर्नार्ड शॉ ने इस पर संक्षेप में बड़े पते की बात कही है, 'संवाद की एक सबसे बड़ी समस्या यह भ्रम है कि संवाद सचमुच हो चुका है।'

यह भ्रम कि बातचीत में शामिल दोनों पक्षों को पता है कि सामनेवाला उनसे क्या चाहता है, बहुत व्यापक है और इससे निराशाजनक बातचीत की संभावना बढ़ जाती है।

हालाँकि इसका अर्थ ये नहीं है कि सब कुछ खत्म हो गया है। चीज़ों को सहज बनाने का एक तरीका ये भी है कि इच्छाओं और ज़रूरतों के बीच का फर्क समझा जाए।

इच्छाओं और ज़रूरतों को एक-दूसरे से अलग रखना

बचपन में जब मुझे पहली बार पॉकेट मनी मिलनी शुरू हुई, तो पहले मेरे माता-पिता ने मुझे बचत का महत्त्व समझाया और इच्छाओं व ज़रूरतों के बीच का फर्क बताया। यह एक महत्वपूर्ण फर्क है। और मुझे लगता है कि अगर इच्छाओं और ज़रूरतों के बीच के फर्क के बारे में कुछ पलों तक विचार किया जाए, तो उनका कुछ ऐसा विवरण सामने आता है:

इच्छा : काश, फलाँ चीज़ मेरे पास भी होती।

ज़रूरत : मुझे फलाँ चीज़ लेनी ही पड़ेगी।

यह फर्क सैद्धांतिक रूप से बहुत मायने रखता है। लेकिन व्यावहारिक रूप से हर चीज़ को ज़रूरत बनने से रोकना बड़ा मुश्किल है। यानी ये फर्क अपने आप ही लुप्त हो जाता है। मार्शल रोज़ेनबर्ग ने एनवीसी (नॉनवॉयलेंट कम्युनिकेशन - अहिंसक संचार) का विचार दिया था। यह एक ऐसी संचार प्रक्रिया है, जो लोगों को उन सूचनाओं का आदान-प्रदान करने में मदद करती है, जो संघर्षों और मतभेदों को शांतिपूर्वक ढंग से सुलझाने के लिए ज़रूरी है। अपने एनवीसी मॉडल में रोज़ेनबर्ग इच्छाओं और ज़रूरतों के बीच के फर्क को एक व्यावहारिक और टिकाऊ रूप देते हैं।

रोज़ेनबर्ग के मॉडल में इच्छाएँ सतही अनुरोध हैं। वे ऐसे सामरिक परिणाम हैं, जो हम किसी भी स्थिति में हासिल करना चाहते हैं। एक निश्चित तारीख तक रिपोर्ट प्राप्त करने से लेकर यह समझने तक कि किसी मीटिंग में आपका शामिल होना ज़रूरी है या नहीं – इच्छा कुछ भी हो सकती है। यह कुछ ऐसी सूचना है, जो आमतौर पर हमें 'आप क्या चाहते हैं?' सवाल की प्रतिक्रिया के रूप में मिलती है।

जबकि ज़रूरतें इससे कहीं अधिक गहन होती हैं। इनकी पहचान करने से आपको उन मानवीय प्रेरणाओं को सामने लाने और उन्हें समझने में मदद मिलती है, जो अक्सर इच्छाओं को सक्रिय करती हैं। अर्थशास्त्री मैनफ्रेड मैक्स-नीफ के काम से प्रेरित रोजेनबर्ग कहते हैं कि 9 ऐसी ज़रूरतें हैं, जो सर्वभौमिक होती हैं।

स्नेह	सृजन	मनोरंजन
स्वतंत्रता	पहचान	समझ
भागीदारी	सुरक्षा	जीविका

जब आप किसी से पूछते हैं कि 'आप क्या चाहते हैं?' तो सामनेवाले के जवाब पर ज़रा गौर करें और देखें कि क्या आप उसके व्यक्तिगत अनुरोध के पीछे छिपी संभावित ज़रूरत को पहचान पा रहे हैं? उदाहरण के लिए जब कोई कहता है कि 'मैं चाहता हूँ कि आप वाइस प्रेसिडेंट से मेरे बारे में बात करें,' तो हो सकता है कि उसे सुरक्षा (मैं बहुत जूनियर हूँ) या फिर भागीदारी (मुझे इस प्रोजेक्ट में आपके योगदान की ज़रूरत है) की ज़रूरत हो। इसी तरह जब कोई आपसे कहे, 'आज मैं जल्दी वापस जाना चाहती हूँ।' तो शायद उसकी ज़रूरत ये है कि आप उसकी स्थिति को समझें (उसकी घरेलू समस्याएँ वगैरह) या फिर उसकी ज़रूरत है सृजन (मेरे लिए फलाँ क्लास करना ज़रूरी है)। इसी तरह जब कोई कहे कि 'मैं चाहता हूँ कि आप उस रिपोर्ट को नए सिरे से तैयार करें' तो हो सकता है

कि इसके पीछे उसकी ज़रूरत हो, स्वतंत्रता (मैं खुद ये रिपोर्ट तैयार करना नहीं चाहता) या फिर पहचान (तुम्हें पता होना चाहिए कि यहाँ का बॉस मैं हूँ) या फिर जीविका (मेरी सफलता इस बात पर निर्भर है कि तुम ये काम अच्छी तरह करो)।

आप देख सकते हैं कि सामनेवाले की ज़रूरत को पहचानने से आपको ये तय करने में मदद मिलती है कि आपको उसकी इच्छा पर क्या प्रतिक्रिया देनी है। हालाँकि इसका एक अन्य पहलू भी है। जब आप अपनी किसी इच्छा के लिए खुद किसी से कोई अनुरोध करें, तो देखें कि क्या आप अपने अनुरोध के पीछे छिपी ज़रूरत को स्पष्ट रूप से समझ पा रहे हैं।

एक सवाल पूछें। जवाबों का आदान-प्रदान करें

मैंने कानून की पढ़ाई की है पर मैं एक सफल छात्र नहीं था। कानून की कक्षाओं में बताई गई कोई बात आज शायद ही मुझे याद हो। और मुझे अपनी ये पढ़ाई तब बंद करनी पड़ी, जब मेरे एक प्रोफेसर ने मुझ पर मुकदमा दायर कर दिया। ये बड़ी लंबी कहानी है, आपको फिर कभी सुनाऊँगा।

लेकिन एक चीज़ जो अब भी मेरे मन में अंकित है, वह ये कि किसी भी कानूनी अनुबंध का सार दरअसल कुछ और नहीं बल्कि मूल्य का आदान-प्रदान मात्र है। इस सिद्धांत से आपको अपने सहकर्मियों के साथ अधिक लचीले और अधिक लाभकारी पारस्परिक संबंध बनाने में मदद मिलेगी।

कभी-कभी सिर्फ सवाल पूछना ही काफी होता है। जबकि कभी-कभी उस सवाल पर अपना जवाब साझा करना सवाल को और प्रभावी बना देता है। 'आप क्या चाहते हैं?' एक बेहद शक्तिशाली सवाल है। इसकी शक्ति तब और बढ़ जाती है, जब आप न सिर्फ अपने सहकर्मी से सवाल

पूछते हैं बल्कि खुद उसका जवाब भी देते हैं। यह हमें वयस्कों के बीच होनेवाले संवाद पर पीटर ब्लॉक द्वारा प्रस्तुत उस बिंदु की ओर वापस ले जाता है, जिसका उल्लेख इस अध्याय की शुरुआत में किया गया था। जब दोनों पक्ष ये समझ जाते हैं कि सामनेवाला क्या चाहता है, तो वास्तव में उनके बीच का संवाद दिलचस्प और सार्थक हो जाता है। इसका एक कारण है, आपसी व्यवहार का तंत्रिका विज्ञान।

हमारा नया सीमाक्षेत्र: आपसी व्यवहार का तंत्रिका विज्ञान

जब हम 21वीं सदी के चमत्कार यानी अपने लैपटॉप का उपयोग कर गूगल अर्थ पर सिर्फ एक क्लिक करते हैं, तो देखते हैं कि दुनिया में अज्ञात इलाकों की संख्या बहुत ही कम रह गई है। आज आप अपनी इच्छा के अनुसार किसी भी देश की यात्रा कर सकते हैं। कुछ साहसी लोग तो दुनिया के सभी 195 देशों की यात्रा कर भी चुके हैं।

लेकिन आज भी ज्ञान के ऐसे तमाम नए सीमाक्षेत्र हैं, जिन्हें खंगालना बाकी है। इन्हीं में से एक है न्यूरो साइंस या तंत्रिका विज्ञान (मस्तिष्क का अध्ययन) जो बड़ा ही दिलचस्प है। एफ-एमआरआई और ईसीजी मशीनों जैसी अत्याधुनिक तकनीकों और रचनात्मक प्रयोगों का उपयोग करते हुए अब हम यह देख पा रहे हैं कि नेतृत्व करने की कला का आधार विज्ञान में छिपा है। अब हम ये देख सकते हैं कि हम जिन लोगों को प्रभावित करते हैं या जिनका प्रबंधन करते हैं, उनके साथ आपसी व्यवहार करने की हमारी कोशिश में क्या कारगर है और क्या नहीं।

अब हम इस किताब के केंद्र यानी बुनियादी सवाल पर पहुँच चुके हैं। इसलिए आपकी कोचिंग की आदत और आपके मस्तिष्क के बीच के संबंध पर प्रकाश डालने का ये सबसे उपयुक्त समय है और इसके लिए हम आपसी व्यवहार के तंत्रिका विज्ञान पर गौर करेंगे।

एक सेकेंड में पाँच बार

तंत्रिका विज्ञानी इवांस गॉर्डन के अनुसार, 'रिस्क-एंड-रिवॉर्ड रिस्पॉन्स (जोखिम-और-पुरस्कार प्रतिक्रिया) ही मस्तिष्क का मौलिक एकीकृत सिद्धांत है।'

आपका मस्तिष्क अचेतन स्तर पर आपके आसपास के वातावरण को एक सेकेंड में पाँच बार स्कैन करता है और खुद से पूछता है: यह वातावरण मेरे लिए सुरक्षित है या फिर खतरनाक है?

निश्चित ही मस्तिष्क को सुरक्षित वातावरण पसंद होता है। जब यह सुरक्षित महसूस करता है, तो अपने सबसे परिष्कृत स्तर पर काम करता है। तब आप और अधिक बारीकी से सोच-विचार कर पाते हैं, अस्पष्ट चीज़ों और स्थितियों को बेहतर ढंग से देख पाते हैं और उनका बेहतर प्रबंधन कर पाते हैं। इस स्थिति में आप यह मान लेते हैं कि आपके आसपास के लोगों के इरादे नेक हैं। साथ ही आप कलेक्टिव विज़डम (सामूहिक विवेक) तक भी पहुँच पाते हैं। इस तरह आप कर्म करते हुए आगे बढ़ रहे होते हैं।

लेकिन जब आपके मस्तिष्क को खतरे का आभास होता है, तो उसकी प्रतिक्रिया बिलकुल अलग होती है। इस स्थिति में यह फाइट-ऑर-फ्लाइट रिस्पॉन्स (मुकाबला करो या भागो प्रतिक्रिया) देता है, जिसे कुछ लोग 'एमिग्डला हाईजैक' भी कहते हैं। ऐसे में आपका दिमाग चीज़ों को सिर्फ अच्छे या बुरे के रूप में ही देख पाता है और आपकी धारणा ये होती है, 'वे' आपके खिलाफ हैं, न कि आपके साथ। ऐसे में आप अपने चेतन मन का उपयोग करने में पूरी तरह सक्षम नहीं रह जाते और लाक्षणिक रूप से (संभवत: वास्तव में भी) पीछे हट रहे होते हैं।

जबकि ये एक संतुलित निर्णय नहीं होता। क्रमिक विकासवादी

कारणों के चलते हम क्षणिक रूप से पूर्वाग्रह से ग्रस्त होकर यह धारणा बना लेते हैं कि स्थितियाँ खतरनाक हैं। भले ही हमारा यह आंकलन सही न हो। हालाँकि मानव जाति के क्रमिक विकास के दौरान अपना अस्तित्व बचाने की सबसे सफल रणनीति यही रही है कि 'बाद में पछताने से बेहतर है, अभी बचाव किया जाए।'

दूसरे शब्दों में कहें, तो अगर आप किसी स्थिति को लेकर निश्चिंत नहीं हैं, तो उसे लेकर आपका तयशुदा आंकलन यही होगा कि वह स्थिति आपके लिए सुरक्षित नहीं है और पीछे हटना ही बेहतर होगा।

आलंकारिक सवाल कब खत्म होंगे?

- जॉर्ज कार्लिन

रूको, वापस आओ!

एक व्यस्त और महत्वाकांक्षी मैनेजर होने के नाते आपके सामने कई चुनौतियाँ आती है। आपको जिनके साथ कामकाज और संवाद करना होता है - जैसे आपकी टीम, आपका बॉस, आपके ग्राहक, आपके सप्लायर - आप चाहते हैं कि वे आपके साथ आपसी व्यवहार में संलग्न हों न कि पीछे हटें। साथ ही आपको इस बात का भी एहसास होता है कि आप खुद भी सुरक्षित महसूस करना चाहते हैं ताकि आप फाइट-ऑर-फ्लाइट (मुकाबला करो या भागो) मोड में रहने के बजाय उस अवस्था में रह सकें, जहाँ आप सबसे जोरदार प्रदर्शन कर सकें।

तो आप अपने और दूसरों के मस्तिष्क को इस प्रकार कैसे प्रभावित कर सकते हैं कि वे अपने सामने मौजूद स्थितियों को जोखिम भरी स्थितियों के बजाय लाभकारी स्थितियों के रूप में देख सकें?

आपका मस्तिष्क किसी स्थिति को कैसे देखेगा, इसे प्रभावित

करनेवाली चार प्राथमिक प्रेरणाएँ होती हैं। जब आपका ध्यान इन प्रेरणाओं पर केंद्रित होता है, तो दरअसल आप यह सोच-विचार कर रहे होते हैं कि आप उस वातावरण को कैसे प्रभावित कर सकते हैं, जो आपसी व्यवहार को सक्रिय करता है।

* **साथी समूह :** मस्तिष्क पूछता है, 'तुम मेरे साथ हो या मेरे खिलाफ?' अगर उसे लगता है कि आप उसके साथ हैं, तो इसकी ये प्रेरणाएँ बढ़ जाती हैं। पर अगर यह आपको अपने विरोधी के रूप में देखता है, तो ये प्रेरणाएँ कम हो जाती हैं।

* **अपेक्षा :** मस्तिष्क समझने की कोशिश करता है, 'मुझे अपना भविष्य पता है या नहीं?' अगर यह स्पष्ट है कि आगे क्या होनेवाला है, तो वह सुरक्षित महसूस करता है। पर अगर ये स्पष्ट नहीं है, तो वह असुरक्षित महसूस करने लगता है।

* **ओहदा :** यह एक सापेक्ष चीज़ है और यह आपके औपचारिक पद पर निर्भर नहीं होती है बल्कि इस बात पर निर्भर होती है कि उस क्षण में शक्ति का संतुलन आपके पक्ष में है या नहीं। मस्तिष्क सवाल पूछता है, 'तुम मुझसे ज़्यादा महत्वपूर्ण हो या मुझसे कम महत्वपूर्ण हो?' और अगर आप उसकी हैसियत को कमजोर कर रहे हैं, तो वह कम सुरक्षित महसूस करेगा।

* **स्वायत्तता :** डैन पिंक ने अपनी उत्कृष्ट किताब 'ड्राइव' में इसका महत्त्व बताया है। जब मस्तिष्क यह आंकलन करता है कि किसी स्थिति में आपके पास कितनी स्वायत्तता है, तो वह ये सवाल पूछता है, 'यहाँ मेरी राय महत्वपूर्ण है या नहीं?' अगर आपको लगता है कि आपके पास अपना विकल्प चुनने की स्वायत्तता है, तो इसका अर्थ है कि ये स्थिति या वातावरण लाभकारी है यानी इसमें आपसी व्यवहार में संलग्न हुआ जा सकता है। पर अगर आपको लगता है

कि आपके पास अपना विकल्प चुनने की ज़्यादा स्वायत्तता नहीं है, तो इसका अर्थ है कि ये आपके लिए ज़्यादा सुरक्षित स्थिति नहीं है।

जब भी संभव हो, इन प्रेरणाओं को बढ़ाएँ। ऐसा करना आपकी जिम्मेदारी है। यह आपके लिए भी अच्छा होगा और उस व्यक्ति के लिए भी, जिससे आप बातचीत कर रहे हैं। इसके लिए सामान्य तौर पर आपको सवाल पूछने होंगे और विशेष रूप से ये सवाल पूछना होगा कि 'आप क्या चाहते हैं?'

यह साथी-समूह की भावना को बढ़ाता है। यानी इस तरह आप आदेश देनेवाले अंदाज में ये बताने के बजाय कि किसी को क्या करना चाहिए, चुनौती का सामना करने में उसकी मदद करते हैं। और ऐसा करके न सिर्फ आप उसकी स्वायत्तता की भावना को बल्कि उसके ओहदे को भी बढ़ा देते हैं - आप मानकर चल रहे हैं कि वह समाधान लेकर आएगा और इसके लिए आप उसे प्रोत्साहित भी करते हैं। क्योंकि इस तरह आप उसे सबसे पहले और अपने बूते आगे बढ़ने का अधिकार दे देते हैं। यह सवाल कि 'आप क्या चाहते हैं?' ओहदे और स्वायत्तता जैसी प्रेरणाओं को दृढ़ता से प्रभावित करता है। हो सकता है कि अपेक्षा, जो कि अगला कारक है, थोड़ा निराशाजनक हो (एक सवाल में, जवाब के मुकाबले अधिक अस्पष्टता होती है) लेकिन कोई बात नहीं। आपका लक्ष्य है इन प्रेरणाओं को समग्र रूप से बढ़ाना और सवाल पूछकर आप ठीक यही कर रहे होते हैं।

अपनी नई आदत यहाँ निर्मित करें

जब ऐसा हो...

उन पलों को, लोगों को और संभवत: उन भावनाओं को भी कागज पर लिखना, जो आपका ट्रिगर हैं।

इस आदत का ट्रिगर है वह स्थिति, जब आप या सामनेवाला या फिर आप दोनों के बीच हो रही बातचीत कहीं अटकी हुई लगे। हो सकता है कि आप अपने विकल्पों पर विचार कर रहे हों, लेकिन उनमें से कोई भी विकल्प आपको उचित, दिलचस्प या आकर्षक न लग रहा हो। या फिर वह स्थिति भी इस आदत का ट्रिगर बन सकती है, जब सामनेवाला (या फिर आप खुद) ज़रूरी कदम उठाने में टालमटोल कर रहा हो और आपको इसका कारण समझ न आ रहा हो। या फिर तब, जब किसी से - जैसे आपकी टीम का कोई सदस्य, आपका बॉस, कोई ग्राहक या वेंडर - आपकी बातचीत गलत दिशा में चली गई हो। हो सकता है कि आप लोग विषय से भटक गए हों और असली मसले पर बातचीत शुरू ही न हो पाई हो और आप सोच रहे हों कि आखिर इसे पटरी पर कैसे लाया जाए।

तो बजाय ये करने के...

अपनी उस पुरानी आदत को स्पष्टता के साथ कागज पर लिखना, जिसे आप छोड़ना चाहते हैं।

पुरानी आदत की समस्या ये है कि आपको लगता है कि सामनेवाला क्या चाहता है, यह आपको पता है। और कभी-कभी उन्हें लगता है कि वे जानते हैं कि वे क्या चाहते हैं। तो जब आप इस बात को लेकर एकदम निश्चिंत हों कि आपको पता है कि सामनेवाला क्या चाहता है, लेकिन अब तक आपने उनसे इसके बारे में पूछा न हो, तो समझ जाएँ कि आप एक बार फिर अपनी पुरानी आदत के जाल में फँस रहे हैं। इसी तरह जब आपको लगे कि कुछ तो है, जो छूट गया है, फिर भी आप सामनेवाले के साथ बातचीत जारी रखे हुए हों तो समझ जाएँ कि पुरानी आदत ने एक बार फिर आपको अपने फंदे में ले लिया है। इसी तरह जब आप अपने विचार, अपनी राय या अपनी कार्यशैली थोपने की कोशिश करें या जब

आप कहीं अटक गए हों, लेकिन वहाँ से निकलने के लिए ज़रूरी कदम न उठा रहे हों और आपको ये भी पता न हो कि आप यह टालमटोल क्यों कर रहे हैं, तो इसका अर्थ है कि पुरानी आदत ने एक बार फिर आपको घेर लिया है।

मैं ये करूँगा...

अपनी नई आदत का वर्णन करना।

ये बहुत आसान है। बोनस अंक पाने के लिए सामनेवाले से पूछें, 'आप क्या चाहते हैं?' और साथ ही उसे ये भी बात दें कि आप खुद क्या चाहते हैं।

बॉक्स ऑफ क्रेयॉन्स लैब की ओर से

जब हमने अपनी शोधकर्ता लिंडसे को 'आप क्या चाहते हैं?' सवाल के पीछे सक्रिय विज्ञान की गहराई में जाने को कहा, तो वह मुझे साइकोथेरेपी (मनोचिकित्सा) की दुनिया में ले गई। जबकि मैं ज़रा हिचक रहा था। निश्चित ही थेरेपी अपने कई रूपों में असाधारण रूप से प्रभावी हो सकती है, लेकिन मैनेजरों के संगठनात्मक जीवन में एक टूल के रूप में आमतौर पर थेरेपी की कोई जगह नहीं होती।

हालाँकि थेरेपी के एक दर्शन - जिसे 'समाधान-आधारित थेरेपी' कहते हैं - से कई अंतर्दृष्टियाँ प्राप्त की जा सकती हैं। इसमें भी एक आम सवाल होता है, जिसे चमत्कारी सवाल कहा जाता है। हालाँकि यह कई प्रकार का होता है, लेकिन अंतत: सभी प्रकारों का सार बस यही है 'मान लीजिए कि आज रात जब आप सो रहे हों, तो एक चमत्कार हो जाए। फिर जब आप कल सुबह उठेंगे, तो ये कैसे जानेंगे कि चीज़ें अचानक बेहतर हो गई हैं?'

'चमत्कारी सवाल' लोगों को अधिक साहसपूर्वक ढंग से यह कल्पना

करने में मदद करता है कि बेहतर (और बहुत बेहतर) कैसा दिखता होगा। यहाँ बेहतर का अर्थ है दस गुना बेहतर, न कि सिर्फ दस फीसदी बेहतर। लेकिन मुझे लगता है कि इस सवाल की असली विशिष्टता है, परिणाम हासिल करने के तरीके से पहले, परिणाम पर ध्यान केंद्रित करना। दूसरे शब्दों में कहें, तो आपको अपनी शुरुआत, अंतिम परिणाम को ध्यान में रखते हुए करनी है, न कि (जैसा कि अक्सर होता है) यह सोचकर तुरंत निराश होते हुए कि अगला कदम कैसे उठाएँगे और उसका परिणाम क्या होगा।

बुनियादी सवाल – 'आप क्या चाहते हैं?' – एक सीधा और स्पष्ट सवाल है। लेकिन इसका प्रभाव भी वही है – लोगों को परिणाम की ओर लाना। और एक बार जब आपको अपनी मंजिल नज़र आ जाती है, तो रास्ता अक्सर पहले से कहीं ज़्यादा स्पष्ट और सफर कहीं ज़्यादा आसान हो जाता है।

सवाल की मास्टरक्लास भाग 5

खामोशी के साथ सहज हो जाएँ

जब आप किसी से सात प्रमुख सवालों में से कोई सवाल पूछते हैं, तो कभी-कभी जवाब के रूप में आपको सिर्फ खामोशी मिलती है।

ऐसी अंतहीन खामोशी, जिसकी गूँज साफ सुनाई देती है।

और यहाँ 'अंतहीन' से मेरा मतलब है, तीन-चार सेकेंड लंबी खामोशी।

इन पलों के दौरान, जब सब कुछ मशहूर हॉलीवुड फिल्म मेट्रिक्स के 'बुलेट टाइम' की तरह धीमा हो जाता है, तो आपका रोम-रोम इस शून्य को भरने के लिए छटपटाने लगता है।

अपने इस अस्तित्ववादी गुस्से को किनारे रख दें।

खामोशी अक्सर सफलता का पैमाना होती है।

हो सकता है कि आप जिस व्यक्ति को कोच कर रहे हैं, वह उस किस्म का व्यक्ति हो, जिसे किसी सवाल का जवाब देने से पहले उसे अपने मन में तैयार करने में कुछ सेकेंड का समय लगता हो। अगर ऐसा है, तो उसे वह समय दें।

या फिर हो सकता है कि मेरी ही तरह वह भी ऐसा व्यक्ति हो, जो आमतौर पर बिना यह जाने ही जवाब देना शुरू कर देता है कि वह क्या बोलनेवाला है।

जो भी हो, इस खामोशी का अर्थ ये है कि वह सोच-विचार कर रहा है और सवाल का जवाब ढूँढ़ रहा है। इस तरह वह नए न्यूरल पाथवे (तंत्रिका पथ) बना रहा होता है और अपनी क्षमता व संभावनाएँ बढ़ा रहा होता है।

तो अपनी जुबान बंद रखें और उस खामोशी को भरने की कोशिश न करें। मैं जानता हूँ कि ये आपके लिए थोड़ा मुश्किल होगा पर मैं ये भी जानता हूँ कि इससे सीखने और अंतर्दृष्टियों के लिए जगह बनती है।

ये रही आपकी नई आदत

जब ऐसा हो...

जब मैं कोई सवाल पूछूँ और सामनेवाला दो सेकेंड के अंदर उसका जवाब न दे सके...

तो बजाय ये करने के...

उसी सवाल को नए तरीके से पूछकर या कोई नया सवाल पूछकर या कोई सलाह देकर या फिर अर्थहीन शब्दों के जरिए उस शून्य को भरना...

मैं ये करूँगा...

एक गहरी साँस लूँगा, अपना नज़रिया खुला रखूँगा और अगले तीन सेकेंड तक चुप रहूँगा।

आलसी सवाल

इसमें आप उस सवाल के बारे में जानेंगे, जो आपको अधिक मेहनत किए बिना ही उन लोगों के लिए और उपयोगी बना देगा, जिनका आप प्रबंधन करते हैं और आपको लगेगा कि आलसी होना भी अच्छी बात है।

ओह, आप कितने... 'मददगार हैं'

आप एक अच्छे इंसान हैं और आप पूरी कोशिश करते हैं कि आपके संपर्क में आनेवाले सारे लोग खूब फलें-फूलें। आप अपना योगदान देना चाहते हैं और उनके लिए अधिक उपयोगी बनना चाहते हैं। लेकिन एक तो होता है, मददगार होना और दूसरा होता है, 'ज़रूरत से ज़्यादा मददगार होना' यानी अचानक बीच में आकर सारा नियंत्रण अपने हाथों में ले लेना। अपनी टीम या सहकर्मियों के साथ आप अक्सर ही ऐसा कर बैठते हैं। फिर हर किसी को - आपको, उस व्यक्ति को जिसकी आप 'मदद' कर रहे हैं और आपके संगठन को - आपकी मदद की कीमत चुकानी पड़ती है। आपके नेक इरादों के चक्कर में लोग थकावट, निराशा, खीझ और अपने घटते प्रभाव (जो कि अपने आपमें एक विडंबना है) के अंतहीन सिलसिले में उलझ जाते हैं।

एडगर शेहेन ने अपनी उत्कृष्ट किताब हेल्पिंग में मदद करने के विरोधाभास को सुलझाया है। इसके मूल में यह अंतर्दृष्टि है कि जब आप

किसी को मदद की पेशकश करते हैं, तो दरअसल आप अपना ही हित साध रहे होते हैं: क्योंकि इस तरह आप अपनी हैसियत बढ़ाकर सामनेवाली की हैसियत घटा देते हैं, भले ही ऐसा करने का आपका कोई इरादा न हो। मैं जानता हूँ कि यह विचार ज़रा अजीब सा है क्योंकि आमतौर हम किसी की मदद करने की इसलिए सोचते हैं क्योंकि वह व्यक्ति हमारे लिए मायने रखता है। लेकिन अगर आप खुद को उस व्यक्ति की जगह रखकर देखें, जिसकी मदद करने की पेशकश की जा रही है, तो यही अंतर्दृष्टि आपको सच्ची जान पड़ेगी। अगर आप अपने जीवन के किसी ऐसे वाक्ये के बारे में विचार करें, जब आपको 'मदद' दी जा रही थी, तो आपको याद आएगा कि तब आप अक्षमता, झुंझलाहट, प्रतिरोध और हताशा जैसी भावनाओं से लगातार दो-चार हो रहे थे।

तो अपने तरीकों को संयमित बनाने के लिए आप क्या कर सकते हैं ताकि आपकी मदद लोगों के लिए सचमुच मददगार हो? इसके लिए आपका पहला कदम होना चाहिए, एक त्रिकोण को समझना।

सात (नए) बौने और कार्पमैन का नाटकीय त्रिकोण

आपसी संवाद संबंधी विश्लेषण एक ऐसा उपचारात्मक मॉडल है, जिसने हमें 'पेरेंट-चाइल्ड' और 'एडल्ट-एडल्ट' जैसे लेबल दिए हैं पर अब यह मॉडल काफी हद तक चलन से बाहर हो चुका है। यह सचमुच कौतूहल पैदा करता है, लेकिन इसे सीधे संगठनों पर लागू करना करीब-करीब असंभव है। इसमें औपचारिक थेरेपी की ज़रूरत से ज़्यादा बातें शामिल हैं। लेकिन अमेरिकी मनोचिकित्सक स्टीफेन कार्पमैन ने इस मॉडल की व्यावहारिक विवेचना करते हुए 'नाटकीय त्रिकोण' विकसित किया, जो इसे और अधिक व्यावहारिक व उपयोगी बनाने का एक कारगर तरीका है।

नाटकीय त्रिकोण इस मान्यता के साथ शुरू होता है कि हम जिन

लोगों के साथ आपसी व्यवहार व बातचीत करते हैं, उनमें से अधिकांश के सामने कभी-कभी हमारा वह संस्करण आ जाता है, जिसे हमारा सर्वश्रेष्ठ संस्करण नहीं कहा जा सकता। अगर आपने कभी भी खुद को सात भ्रष्ट बौनों (उदास, दुःखी, चिड़चिड़ा, अतिभावुक, ढीठ, चीख-पुकार मचानेवाला और शहादत का ढोंग करनेवाला) जैसा व्यवहार करते पाया हो, तो आप समझ गए होंगे कि मैं क्या कहना चाह रहा हूँ। इस बारे में आपकी समझ जितनी ज़्यादा होगी, आपके लिए उतना बेहतर रहेगा।

कार्पमैन कहते हैं कि जब ऐसा होता है, तो हम दरअसल तीन आर्क्टाइपल (आदिरूपी या आदर्श) भूमिकाओं - पीड़ित, अत्याचारी, रक्षक - में से कोई एक भूमिका निभा रहे होते हैं। और ये तीनों ही भूमिकाएँ समान रूप से भ्रष्ट व अनुपयोगी होती हैं। आगे जब आप इन तीनों भूमिकाओं का विवरण पढ़ें, तो दो चीज़ें करें: किसी ऐसे व्यक्ति के बारे में सोचें, जो तीनों भूमिकाओं में माहिर हो और ऐसी स्थितियों के बारे में सोचें, जिनमें आप आमतौर पर ये तीनों भूमिकाएँ निभाते हों।

पीड़ित

मूल विश्वास : 'मेरा जीवन बहुत मुश्किल है; मेरा जीवन बहुत अन्यायपूर्ण है; उफ! बेचारा मैं!'

विशिष्टता : 'मेरी कोई गलती नहीं है (दूसरों की गलती है)।'

भूमिका निभाने का लाभ : आपके ऊपर कोई सुधार करने या कोई बेहतरी लाने की जिम्मेदारी नहीं होती; आपको शिकायत करने का मौका मिलता है; आप रक्षकों को आकर्षित करते हैं।

भूमिका निभाने की कीमत : आप खुद को कोई बदलाव लाने में सक्षम नहीं मानते - हर बदलाव आपकी क्षमता से बाहर होता है। आप अप्रभावी होने के लिए जाने जाते हैं। और हमेशा शिकायत करनेवाला व्यक्ति किसी को पसंद नहीं होता।

अटकाव : 'मैं फँसा हुआ महसूस करता हूँ क्योंकि मैं अशक्त हूँ, मेरे बस में कुछ भी नहीं है। मैं खुद को नकारा महसूस करता हूँ।'

अत्याचारी

मूल विश्वास : मैं मूर्खों, बेवकूफों और ऐसे लोगों से घिरा हुआ हूँ, जो हर मामले में मुझसे कमतर हैं।

विशिष्टता : 'मेरी कोई गलती नहीं है (तुम्हारी गलती है)।'

भूमिका निभाने का लाभ : आप खुद को श्रेष्ठ महसूस करते हैं। आपको लगता है कि आप सशक्त हैं और चीज़ें आपके नियंत्रण में हैं।

भूमिका निभाने की कीमत : हर चीज़ के लिए आप ही जिम्मेदार ठहराए जाते हैं। आप पीड़ितों का निर्माण करते हैं। आपको एक माइक्रोमैनेजर के रूप में जाना जाता है। लोग आपके लिए सिर्फ न्यूनतम कार्य करते हैं, उससे ज़रा भी ज़्यादा नहीं। और दूसरों को हमेशा तंग करनेवाला व्यक्ति किसी को पसंद नहीं होता।

अटकाव : 'मैं फँसा हुआ महसूस करता हूँ क्योंकि मुझे किसी पर भरोसा नहीं है। मैं अकेला महसूस करता हूँ।'

रक्षक

मूल विश्वास : 'तुम न मुकाबला करो, न चिंता करो। मैं आकर सब ठीक कर दूँगा।'

विशिष्टता : 'ये मेरी गलती/जिम्मेदारी है (तुम्हारी नहीं)।'

भूमिका निभाने का लाभ : आप नैतिक रूप से श्रेष्ठ महसूस करते हैं; आपको लगता है कि आपकी उपस्थिति अनिवार्य है।

भूमिका निभाने की कीमत : लोग आपकी मदद ठुकरा देते हैं। आप पीड़ितों का निर्माण करते हैं और नाटकीय त्रिकोण को कायम रखते हैं।

और अचानक बीच में आकर हस्तक्षेप करनेवाला व्यक्ति किसी को पसंद नहीं होता।

अटकाव : 'मैं फँसा हुआ महसूस करता हूँ क्योंकि मेरा रक्षक बनना कारगर नहीं हो रहा है। मुझे महसूस होता है, जैसे ये मुझ पर एक बोझ है।'

ये तीनों लेबल आपकी पहचान नहीं हैं और न ही ये इस बात का विवरण है कि आप कौन हैं। ये तो बस किसी परिस्थिति में आपके द्वारा किए जानेवाले व्यवहार का विवरण हैं। कोई भी इंसान अंतर्निहित रूप से एक पीड़ित, अत्याचारी या रक्षक नहीं होता। ये बस भूमिकाएँ हैं और जब हम ट्रिगर हो जाते हैं, तो जाने-अनजाने इन भूमिकाओं को निभाने लगते हैं। इस अवस्था में हमारा सामना अपने उस संस्करण से होता है, जो अधिक प्रभावी नहीं है।

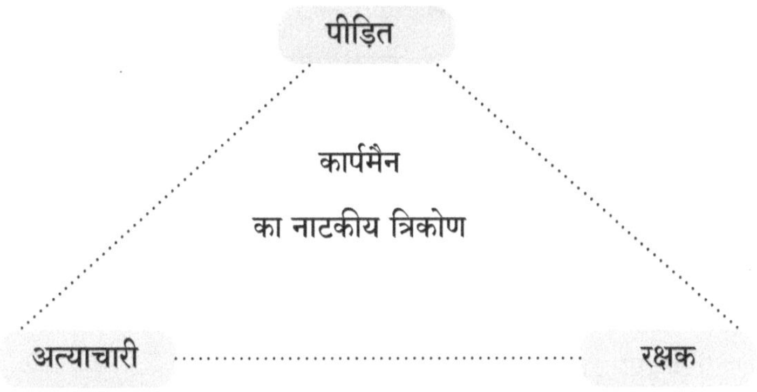

'ये दुनिया एक रंगमंच है...'

हम सब हमेशा ये भूमिकाएँ निभाते रहते हैं। अक्सर हम किसी के साथ एक ही संवाद के दौरान ये तीनों भूमिकाएँ निभा लेते हैं। पहले पीड़ित, फिर रक्षक, फिर अत्याचारी और एक बार फिर पीड़ित। जब तक वह संवाद चलता है, ये सिलसिला भी चलता रहता है। अपनी इस बात को और स्पष्ट ढंग से समझाने के लिए मैं आगे उदाहरण स्वरूप एक ग्राहक के साथ अपना संवाद प्रस्तुत कर रहा हूँ, जो मेरे एक भाषण के

बाद हुआ था।

मैं (चीख-पुकार मचाते हुए): इस कमरे का सारा सेटअप बिलकुल गलत है। मैंने पहले ही स्पष्ट शब्दों में बताया था कि मुझे सब कुछ कैसा चाहिए; क्या एक कमरा सेटअप करना इतना मुश्किल काम है? और ये डोनट्स कौन लेकर आया है? लोगों को डोनट्स खिलाना बंद करो। याद रखो, अगले 15 मिनट में सत्र शुरू होनेवाला है! (अत्याचारी)

ग्राहक (शिकायत करते हुए): मैंने, सेटअप की पूरी जानकारी संचालकों को भेज दी थी, लेकिन वे लोग कभी किसी चीज़ का जवाब आसानी से नहीं देते। मुझे इस सम्मेलन का सारा इंतज़ाम खुद ही करना पड़ा और वह भी बिना किसी मदद के और... (पीड़ित)

मैं (निराश होकर सब कुछ झेलते हुए): देखो, चिंता मत करो। मैं खुद ही कमरे को नए सिरे से व्यवस्थित कर लेता हूँ। टेक सेटअप भी कर लेता हूँ। फिर मैं सबको अंडे पकाकर खिलाऊँगा। (रक्षक)

ग्राहक (हताश होकर): तुम नकचढ़े वक्ताओं की यही समस्या है; हम पहले ही तुम्हें ज़रूरत से ज़्यादा पैसा दे रहे हैं, लेकिन फिर भी हर चीज़ बिलकुल तुम्हारे मन-मुताबिक ही होनी चाहिए वरना तुम बस भड़क जाओगे... (अत्याचारी)

मैं (चीख-पुकार मचाते हुए): मैं बस ये कोशिश कर रहा हूँ कि मेरा सत्र अच्छा रहे; ये ज़रा सी बात किसी के पल्ले नहीं पड़ रही है कि एक कमरे को ठीक से सेटअप करना कितना मुश्किल काम है। और फिर अगर कोई खुद कोशिश करने लगे, तो हर कोई उससे चिढ़ जाएगा। (पीड़ित)

और बस, ये सिलसिला इसी तरह चलता रहता है।

इस संवाद में मैं और मेरा ग्राहक जिस गति से अपनी भूमिकाएँ लगातार बदल रहे हैं, वह कुछ भी नहीं है। क्योंकि ऐसे आपसी संवादों में लोग इससे भी ज़्यादा तेज़ गति से अपनी भूमिकाएँ बदलते हैं। अब आप अपनी टीम के उस सदस्य के बारे में विचार करें, जो सबसे ज़्यादा खिझाऊ प्रवृत्ति का हो यानी वह व्यक्ति जो ठीक इस समय भी किसी न किसी रूप में आपके लिए परेशानी का कारण बन रहा हो। क्या आपने गौर किया कि अचानक पलभर में आप कैसे एक साथ तीनों भूमिकाओं में आ गए – 'अत्याचारी' की भूमिका (इस आदमी ने मुझे सचमुच परेशान कर रखा है!), पीड़ित की भूमिका (मेरे साथ बहुत गलत हो रहा है। मैं उसे किसी और टीम में क्यों नहीं भेज सकता?), और रक्षक की भूमिका (मैं टीम के भले के लिए तब तक उसे संभालता रहूँगा, जब तक वह बाकी लोगों की तरह ठीक से काम नहीं करने लगता।)

आपकी पसंदीदा भूमिका

भले ही हम एक-एक करके तीनों भूमिकाएँ लगातार निभाते रहते हों, लेकिन आमतौर पर हमारी एक पसंदीदा भूमिका होती है, जिसमें हम अक्सर रहते हैं और स्वत: ही निभाने लगते हैं। जब मेरे छात्रों से पूछा गया कि वे इन तीनों में से कौन सी भूमिका अक्सर निभाते हैं, तो ज़्यादातर का जवाब था, रक्षक की भूमिका। शायद आपका जवाब भी यही होगा। और अगर यह आपकी पसंदीदा भूमिका नहीं है, तब भी मैं शर्त लगाकर कह सकता हूँ कि आपको इस भूमिका की अच्छी पहचान होगी।

जैसे ही हम ये मानना शुरू कर देते हैं कि हमारे पास
सारे जवाब हैं, उसी पल हम सवालों को भूल जाते हैं।
- मेडेलीन एल'एंगल

जब हम रक्षक की भूमिका में होते हैं, तो हमारा झुकाव लगातार समस्याओं को हल करने, फौरन सलाह-मशवरा देने और दूसरों की जिम्मेदारियाँ अपने सिर लेने की ओर होता है। इसके पीछे हमारे इरादे नेक होते हैं; हम बस लोगों की मदद करने की कोशिश कर रहे होते हैं और एक मैनेजर के रूप में अपना योगदान दे रहे होते हैं। लेकिन आप साफ देख सकते हैं कि इसके लिए दोनों पक्षों को क्या कीमत चुकानी पड़ रही है। आप थक जाते हैं - और दूसरा पक्ष खीझ जाता है। आप अपने सहकर्मियों की तरक्की और उनकी क्षमता के विस्तार के अवसर सीमित कर देते हैं। अब शायद आपको समझ आ रहा होगा कि एक रक्षक पीड़ितों का निर्माण कैसे करता है। हालाँकि हम यह मानना चाहते हैं कि वास्तव में इसके विपरीत होता होगा (जो कुछ हद तक सच भी है, लेकिन पूरी तरह नहीं)।

क्या आपकी बर्बादी निश्चित है? (जी हाँ, आपकी बर्बादी निश्चित है)

एक ऐसे मैनेजर के रूप में, जिसके पास हमेशा समय की कमी रहती है, नाटकीय त्रिकोण के पैटर्न देख पाने में सक्षम बनना, ज़रूरत से ज़्यादा काम करने के पैटर्न को तोड़ने की दिशा में आपका पहला सशक्त कदम है। एक बार जब आप इसके ट्रिगर्स को समझ लेते हैं, तो अपनी इस आदत को बदलना शुरू कर सकते हैं।

बुरी खबर ये है कि दुर्भाग्यवश आप जीवनभर इस नाटकीय त्रिकोण के जाल में बार-बार फँसते रहेंगे।

लेकिन अच्छी खबर ये है कि इसकी पहचान करने और इसके पैटर्न को तोड़ने के मामले में आप लगातर बेहतर होते जाएँगे। फिर आप इसके पैटर्न को बार-बार और कहीं ज़्यादा तेजी से तोड़ेंगे।

सैम्युअल बेकेट ने इसका सर्वश्रेष्ठ वर्णन किया है: 'असफल होते रहें

और जुटे रहें। हर बार ज़रा और बेहतर ढंग से असफल होने की कोशिश करें।'

बेहतर ढंग से असफल होने के लिए आपको ये देखना होगा कि आप कब नाटकीय त्रिकोण में उलझ गए हैं। इसके बाद खुद को इस त्रिकोण से बाहर निकालने के लिए आपको आलसी सवाल – मैं आपकी क्या मदद कर सकता हूँ? – पूछना होगा।

आलसी सवाल: मैं आपकी क्या मदद कर सकता हूँ?

'मैं आपकी क्या मदद कर सकता हूँ?' सवाल में दोहरी शक्ति होती है। पहली ये कि अपने सहकर्मी से ये सवाल पूछकर आप उसे सीधा और स्पष्ट अनुरोध करने के लिए मजबूर कर देते हैं। जो उसके लिए काफी उपयोगी हो सकता है। हो सकता है कि वह इस बात को लेकर पूरी तरह स्पष्ट न हों कि उसने आपसे यह बातचीत क्यों शुरू की। हाँ, उसे पता है कि उसे आपसे कुछ चाहिए, लेकिन जब तक आपने उससे ये सवाल नहीं पूछा था, तब तक उसे नहीं पता था कि वह अभी पूरी तरह स्पष्ट नहीं है कि उसे क्या चाहिए। पर अगर वह इसे लेकर स्पष्ट है, तो फिर आप यह तय कर सकते हैं कि आप उसका अनुरोध स्वीकार करेंगे या नहीं।

इस सवाल की दूसरी शक्ति है (जो संभवत: और अधिक मूल्यवान है) कि इसके चलते आप यह गलतफहमी पालने से बच जाते हैं कि आपको पता है कि सामनेवाले को क्या मदद चाहिए। क्योंकि रक्षक की भूमिका निभानेवाले ठीक यही करते हैं। 'और कुछ?' सवाल की ही तरह यह सवाल भी आत्म-प्रबंधन का एक तरीका है, जो आपको जिज्ञासु और आलसी बनाए रखता है। आप अपना बहुत सा समय वे चीज़ें करने में खर्च कर देते हैं, जो आपके मुताबिक लोग चाहते हैं कि आप करें। कभी-कभी आप बिलकुल गलत होते हैं, लेकिन ये इतना भी बुरा नहीं है। क्योंकि ये स्थिति जल्द ही सुलझ भी जाती है। इससे भी ज़्यादा खतरनाक

स्थिति तो तब आती है, जब आप सिर्फ कुछ हद तक गलत होते हैं। क्योंकि इस स्थिति में आप खुद को करीब-करीब वह करते हुए पाते हैं, जो सामनेवाला आपसे चाहता है। लेकिन आप जो कर रहे होते हैं, वह इतना सही भी नहीं होता कि उसके लिए सचमुच उपयोगी हो और इतना गलत भी नहीं कि कोई आपको वह करने से रोक दे।

स्पष्ट शब्दों में सीधे पूछें...

'मैं आपकी क्या मदद कर सकता हूँ?' सवाल का अधिक स्पष्ट संस्करण है 'आप मुझसे क्या चाहते हैं?' अगर 'मैं आपकी क्या मदद कर सकता हूँ?' सवाल को टक्सीडो पहने हुए सुसंस्कृत जेम्स बॉन्ड के रूप में देखा जाए, तो 'आप मुझसे क्या चाहते हैं?' सवाल उसी जेम्स बॉन्ड का वह तेज-तर्रार रूप है, जो अचानक खलनायक के अड्डे पर आ धमकता है। यह सवाल दोनों पक्षों के बीच की बातचीत को उसके मूल सार तक ले आता है, जो इस प्रकार है : 'आप क्या चाहते हैं? मैं क्या चाहता हूँ? और अब हमें इस मसले पर क्या करना चाहिए?'

लेकिन ज़रा सावधान रहें...

आप समझ सकते हैं कि 'आप मुझसे क्या चाहते हैं?' सवाल सामनेवाले को कैसा लगेगा, यह काफी हद सवाल पूछने के आपके अंदाज पर निर्भर करता है। अगर इसे नाटकीय त्रिकोण से जोड़कर देखा जाए, तो जब आप ये सवाल पूछते समय 'अत्याचारी' की भूमिका में होंगे, तो संभवत: सामनेवाले को इसमें आक्रामकता नज़र आएगी। वहीं जब आप 'पीड़ित' की भूमिका में होंगे, तो उसे लगेगा कि आप चीख-पुकार मचा रहे हैं; और जब आप 'रक्षक' की भूमिका में होंगे, तो उसे यह सवाल दमघोटू लगेगा।

सारे सवालों की तरह इस सवाल को भी यह एक वाक्य जोड़कर और

विनम्र बनाया जा सकता है कि – 'मैं बस अपनी जिज्ञासा शांत करने के लिए पूछ रहा हूँ कि...' यह वाक्य सवाल को अशिष्ट पूछताझ के बजाय नेक पूछताछ में बदल देता है। ऐसे ही कुछ और वाक्य हैं, जो सवाल पर समान प्रभाव डालते हैं, जैसे – 'मैं बस अपनी जानकारी के लिए पूछ रहा हूँ कि...' या 'मैं बस समझना चाहता हूँ कि...' या फिर 'मैं बस ये स्पष्ट करना चाहता हूँ कि...।'

'मैं आपकी क्या मदद कर सकता हूँ?' सवाल से जुड़ी चिंता और उसका प्रबंधन

'मैं आपकी क्या मदद कर सकता हूँ?' सवाल से जुड़ी लोगों की सबसे बड़ी चिंता होती है, इसके विभिन्न संभावित जवाब।

* 'मैं चाहता हूँ कि ये भयावह/अनुचित/असंभव कार्य आप करें।'
* 'मैं चाहता हूँ कि जिस मुश्किल चर्चा से मैं बच रहा हूँ, उस चर्चा में आप शामिल हों जाएँ।'
* 'क्या आप अपना पूरा बजट मुझे दे सकते हैं?'
* 'ये रही एक अतिरिक्त जिम्मेदारी। अपनी पुरानी ढेर सारी जिम्मेदारियों में इसे भी जोड़ लीजिए।'

यहाँ ये समझना ज़रूरी है कि भले ही आपको अपने सवाल का कोई भी जवाब मिले पर सामनेवाले के अनुरोध पर प्रतिक्रिया स्वरूप आपके पास भी कई जवाब उपलब्ध हैं।

एक स्वाभाविक जवाब है, 'हाँ।' आप चाहें तो सामनेवाले के अनुरोध को 'हाँ' कहकर स्वीकार कर सकते हैं। लेकिन इसके लिए आप कतई बाध्य नहीं हैं। यह बाध्यता महसूस करना ही आपकी चिंता का स्रोत है।

एक और विकल्प है ये कहना, 'जी नहीं, मैं ये नहीं कर पाऊँगा।' सामनेवाले को 'ना' कहने का साहस दिखाकर आप खुद को 'ज़रूरत से ज़्यादा मददगार' बनने से रोक सकते हैं।

'मैं ये तो नहीं कर सकता... पर हाँ, इसके बजाय------- (यहाँ अपना वैकल्पिक प्रस्ताव दर्ज करें) कर सकता हूँ।' यह बीच का रास्ता है, जो काफी कारगर है। सामनेवाले को सीधे 'ना' मत कहें; इसके बजाय उनके सामने कोई और विकल्प रख दें।

और अंत में आप ये कहकर थोड़ा अतिरिक्त समय ले सकते हैं कि 'मैं सोचकर बताता हूँ।' या 'मैं यकीन से नहीं कह सकता... मुझे थोड़ा सोचने दीजिए, फिर बताता हूँ।'

इस नई आदत की मदद से अचानक रक्षक बनने से बचें

जब कोई आपको ये बताता है कि उसके साथ क्या-क्या हो रहा है, तो रक्षक बनने और समाधान देने के मोड में जाने से खुद को रोकना बड़ा मुश्किल होता है। और जब कोई आपसे ऐसा सवाल पूछे, जो वास्तव में आपकी सलाह पाने का सीधा अनुरोध हो, तब तो खुद को रोकना असंभव हो जाता है, जैसे - 'मैं ऐसा क्या करूँ कि...' या 'आपको क्या लगता है, मुझे इस मामले में क्या करना चाहिए...?' ये सवाल मछली पकड़ने के लिए डाले गए दाने जैसे होते हैं - मोहक और खतरनाक। आपको पता ही नहीं चलता कि आप कब इस जाल में उलझ गए।

'आपको क्या लगता है, मुझे इस मामले में क्या करना चाहिए...?' यह सवाल मछली पकड़ने के लिए डाले गए दाने जैसा है।

सलाह-मशवरा देने का अपना एक उचित समय और अवसर होता है। हमारा लक्ष्य जवाब देने से बचना नहीं है। बल्कि लोगों को अपने

जवाब खुद ढूँढ़ने देने के मामले में बेहतर बनना है। तो ये रही आपकी नई आदत।

जब ऐसा हो...

कोई आपको कॉल करके/टेक्स्ट मैसेज भेजकर/आपके क्यूबिकल में आकर/ऑफिस के दूसरे कोने से चिल्लाकर पूछता है कि 'मैं------ (यहाँ उसका वह काम दर्ज करें, जिसमें आपके उलझने की पूरी संभावना हो) काम कैसे करूँ?'

तो बजाय ये करने के...

उसे जवाब देना...

मैं ये करूँगा...

मैं कहूँगा, 'अच्छा सवाल है। इस बारे में मैं क्या सोचता हूँ, ये मैं आपसे ज़रूर साझा करूँगा, लेकिन उससे पहले आप ये बताएँ कि इसके बारे में आपका क्या विचार है?'

और जब सामनेवाला आपके इस सवाल का जवाब दे, तो अपना सिर हिलाकर उसके जवाब में दिलचस्पी दिखाएँ और जब वह अपनी बात पूरी कर ले, तो उससे कहें, 'बहुत बढ़िया। और कुछ, जो आप कर सकते हों?'

थोड़ा और सिर हिलाएँ। थोड़ी और दिलचस्पी दिखाएँ। फिर कहें, 'ये तो सचमुच बढ़िया है। क्या और भी कुछ है, जिसे आप आज़माकर देख सकते हों?'

और अगर आप चाहें तो इसके बाद, याद रखें, सिर्फ इसके बाद ही अपना विचार भी सामने रख सकते हैं। और स्वाभाविक है कि अगर यह बातचीत इसी तरह बढ़िया ढंग से आगे बढ़ती रहे, तो आप तब तक 'और कुछ?' सवाल पूछते रहें, जब तक कि उसके सारे जवाब खत्म न हो जाएँ।

अपनी नई आदत यहाँ निर्मित करें

जब ऐसा हो...

उन पलों को, लोगों को और संभवत: उन भावनाओं को भी कागज पर लिखना, जो आपका ट्रिगर हैं।

यहाँ ट्रिगर ये है कि आप किस हद तक सामनेवाले की मदद करना चाहते हैं। तो वह क्या है, जो आपको मदद करने के लिए उकसाता है? संभवत: जब कोई आपसे पूछता है, 'मैं ये कैसे करूँ...?' या 'क्या आप मेरे लिए ये कर सकते हैं...?' या 'ये करने का क्या तरीका है...?' या जब कोई आपके ऑफिस में आकर आपको किसी समस्या के बारे में बताता है तो आपके मन में तुरंत उस समस्या का एक बढ़िया समाधान आ जाता है। या फिर जब आपकी टीम की मीटिंग में ऐसा होता है। या फिर जब आपको लगता है कि अगर मैं ये काम किसी और को देने के बजाय खुद ही कर लूँ, तो ये जल्दी पूरा हो जाएगा। भले ही आप इस बात को लेकर पूरी तरह स्पष्ट न हों कि असल में 'ये काम' क्या है। संक्षेप में कहें, तो ऐसा हर उस अवसर पर होता है, जब आपके मन में स्वत: ही किसी मामले को अपने हाथ में लेकर मदद करने की इच्छा पैदा होती है। और यहाँ सबसे बुरी बात ये है - आपके समय, आपके प्रयासों और आपके नेक इरादों के लिए - कि आप जिसकी मदद करने को उतावले हुए जा रहे हैं, हो सकता है कि वह आपसे मदद लेना ही न चाहता हो या फिर हो सकता है कि उसे आपकी मदद की ज़रूरत ही न हो।

तो बजाय ये करने के...

अपनी उस पुरानी आदत को स्पष्टता के साथ कागज पर लिखना, जिसे आप छोड़ना चाहते हैं।

यहाँ आप अपनी जिस पुरानी आदत को छोड़ने की कोशिश कर रहे हैं, वह है किसी मामले में स्वत: ही मदद करने के लिए कूद पड़ना।

आप समाधान दे रहे हैं, आप जवाब दे रहे हैं और अपने कार्यों की सूची में इस कार्य को भी जोड़ रहे हैं। आप यह मानकर चल रहे हैं कि आपको पता है कि सामनेवाला क्या चाहता है, भले ही उसने आपसे खुलकर कोई अनुरोध किया ही न हो। संक्षेप में कहें, तो आप यह जिम्मेदारी अपने कंधों पर ले रहे हैं।

मैं ये करूँगा...

अपनी नई आदत का वर्णन करना। जो संभवत: कुछ इस प्रकार होगी: 'मैं उनसे पूछूँगा कि मैं उनकी क्या मदद कर सकता हूँ?'

आप अपनी स्पष्टता के लिए यह सवाल पूछते हैं: 'मैं आपकी क्या मदद कर सकता हूँ?' या फिर आप और स्पष्ट शब्दों में सीधे ये पूछ लेते हैं, 'आप मुझसे क्या चाहते हैं?'

बॉक्स ऑफ क्रेयॉन्स लैब की ओर से

'और कुछ?' सवालवाले अध्याय में हमने एक अध्ययन का उल्लेख किया था, जिसमें पाया गया था कि एक डॉक्टर औसतन 18 सेकेंड के अंदर ही अपने मरीज को बीच में टोक देता है। लेकिन बॉक्स ऑफ क्रेयॉन्स के हमारे शोधकर्ताओं को कुछ ऐसे अध्ययन भी मिले, जिससे पता चलता है कि संवाद के दौरान विनम्रता की कमी सभी डॉक्टरों में नहीं होती।

हमारी शोधकर्ता लिंडसे ने मरीज़ों के साथ बातचीत शुरू करने के विभिन्न तरीकों पर हुए एक अध्ययन का खुलासा किया। कुछ डॉक्टरों ने अपने मरीज से सामान्य पूछताछ द्वारा बातचीत शुरू की, जैसे 'मैं आपकी क्या मदद कर सकता हूँ?' वहीं अन्य डॉक्टरों ने ऐसे सवाल पूछे, जो किसी चीज़ की पुष्टि करते थे, जैसे 'लगता है, आज आपको साइनस की समस्या हो रही है?' अध्ययन से पता चला कि सामान्य पूछताछ

करने पर मरीज अपनी समस्याओं के बारे में विस्तार से बताते और अपने विभिन्न लक्षणों के बारे में अधिक सटीक जानकारी देते – यानी डॉक्टर के सामने अपनी असली समस्या रखने की उनकी संभावना बढ़ जाती। इसके अतिरिक्त जो डॉक्टर सामान्य पूछताछवाले सवाल करते, मरीज उनका मूल्यांकन करते समय उन्हें अधिक अंक देते।

तो जब आप एक आलसी सवाल पूछते हैं या सामान्य पूछताछवाले सवाल से बातचीत शुरू करते हैं, तो विज्ञान के अनुसार, न सिर्फ आप अधिक प्रभावी साबित होते हैं बल्कि आपको अधिक सम्मान भी मिलता है।

सवाल की मास्टरक्लास भाग 6

जवाब को सचमुच सुनें।

आप सात प्रमुख सवालों में से एक सवाल पूछते हैं।

इसके बाद आप सक्रियता के साथ सामनेवाले का जवाब सुनते हैं।

बीच-बीच में अपना सिर हिलाकर सामनेवाले को संकेत देते हैं कि आप सुन रहे हैं।

साथ ही उसे प्रोत्साहित करते के लिए 'हम्मम...' की ध्वनि भी निकालते हैं।

और उसके साथ हर कीमत पर आई-कॉन्टेक्ट बनाकर रखते हैं।

इसके बावजूद आपके मन में ध्यान भटकानेवाली उथल-पुथल चल रही है। शायद आप इस बात को लेकर चिंतित हो रहे हैं कि अब आगे आप उससे कौन सा सवाल पूछेंगे। या शायद आप सोच रहे हैं कि इस बातचीत को जल्द से जल्द कैसे निपटाया जाए। या फिर हो सकता है, आप सोच रहे हों कि कहीं आज घर पर डिनर पकाने की बारी आपकी तो नहीं है और खाने में डालने के लिए पर्याप्त लहसुन रसोई में रखी है या फिर ऑफिस से घर लौटते समय आपको बाज़ार से थोड़ी लहसुन खरीदनी होगी।

जो भी हो,

पहिया अब भी घूम रहा है, लेकिन चूहा मर चुका है।

सवाल पूछने के बाद आप जो सबसे अच्छा काम कर सकते हैं, वह ये कि सामनेवाले के जवाब को सचमुच सुनें। अपनी जिज्ञासा बनाए रखें।

ये रही आपकी नई आदत

जब ऐसा हो...

जब मैं एक सवाल पूँछू...

तो बजाय ये करने के...

सामनेवाले के जवाब को सुनने का दिखावा करना...

मैं ये करूँगा...

मैं सचमुच उसका जवाब सुनूँगा। और अगर मेरा ध्यान भटकेगा (जो कि ज़रूर भटकेगा) तो मैं अपना ध्यान वापस सामनेवाले पर केंद्रित करूँगा और फिर से सुनना शुरू कर दूँगा।

रणनीतिक सवाल

इसमें आप काम के बोझ तले दबने की भावना के केंद्र में जाएँगे और उस सवाल के बारे में जानेंगे जो हर अच्छी रणनीति का केंद्र होता है।

अधिक प्रभाव, अधिक सार्थकता

कुछ कार्य ऐसे होते हैं, जिन्हें करना आपको बेहद पसंद होता है। ये वे कार्य हैं, जिनमें आप बिलकुल डूब जाते हैं। इन्हें करने को लेकर आप उत्साहित रहते हैं। ऐसा इसलिए नहीं होता क्योंकि इन कार्यों से कोई खास फर्क या बड़ा प्रभाव पड़ रहा हो; बल्कि इसलिए होता है क्योंकि ये आपके लिए मायने रखते हैं और इनकी अपनी एक सार्थकता होती है। दूसरे शब्दों में कहा जाए, तो ये वे कार्य हैं, जिन्हें आप शुरू से ही करने की उम्मीद करते हैं।

और फिर इसके अलावा बाकी के कार्य होते हैं, जिन्हें आपको निपटाना होता है। बॉक्स ऑफ क्रेयॉन्स में हम 'अच्छे कार्यों' (रोज़मर्रा के वे कार्य, जिन्हें पूरा करना ज़रूरी होता है और जो आपके पद की आम जिम्मेदारियाँ हैं) और 'महान कार्यों' (वे कार्य जो अधिक सार्थक हों और जिनसे अधिक प्रभाव पड़े) के बीच के अंतर को स्पष्ट रखते हैं। इसका उद्देश्य ये है कि विभिन्न संगठन और उनमें कार्यरत लोगों को 'अच्छे कार्य' कम करने पड़ें ताकि वे 'महान कार्य' ज़्यादा से ज़्यादा कर सकें।

संभवत: आप कल्पना कर सकते हैं कि अगर आप और आपकी टीम 10 फीसदी अधिक महान कार्य कर रहे होते, तो चीज़ें कैसे बदल सकती थीं। लेकिन साफ-साफ कहें, तो इतना समय किसके पास है? अगर आलसी सवाल ('मैं आपकी क्या मदद कर सकता हूँ?') वाले अध्याय ने आपको थोड़ा असहज कर दिया है, तो शायद आपको डर होगा कि कहीं सचमुच कोई आपको इस सवाल का जवाब न दे दे। आप पहले से ई-मेल पढ़ने, मीटिंग निपटाने, ज़रूरी काम पूरे करने, व्यायाम करने, किताबें पढ़ने और परिवार को समय देने जैसी चीज़ों के लिए ही पर्याप्त समय नहीं निकाल पा रहे हैं। जबकि आप अपनी पूरी क्षमता से काम कर रहे हैं। तो फिर किसी अतिरिक्त कार्य के लिए सहमति कैसे दे सकते हैं?

'मैं बहुत व्यस्त हूँ' कहना बंद करें

इसके अलावा अंतहीन कनेक्टिविटी, कम संसाधनोंवाले संगठनों और वैश्विकरण के इस अजीब दौर का एक आम चलन है, यह कहकर विनम्रतापूर्वक अपनी शेखी बघारना कि 'मैं काम के बोझ तले कितना दबा हुआ हूँ और कितनी ज़्यादा जिम्मेदारियाँ निभा रहा हूँ।'

'और क्या हाल-चाल है?' लोग पूछते हैं।

'बहुत व्यस्त हूँ' आप जवाब देते हैं, 'काम बहुत बढ़ गया है।'

धीरे-धीरे हमें इस वास्तविकता का एहसास हो रहा है कि व्यस्त होना सफलता का पैमाना नहीं है। सालों पहले जॉर्ज बर्नाड शॉ ने क्रांतिकारियों के लिए ये सूत्रवाक्य कहते हुए दरअसल बड़ी पते की बात कही थी कि 'समझदार व्यक्ति खुद को दुनिया के अनुसार ढाल लेता है, जबकि अविवेकी व्यक्ति दुनिया को अपने हिसाब से ढालने में लगा रहता है। इसीलिए सारी तरक्की अविवेकी लोगों पर ही निर्भर होती है।' '4 आवर वर्कवीक' किताब के लेखक जिम फेरिस ने हाल ही में बड़ी महत्वपूर्ण बात कही थी कि 'व्यस्त होना आलसी होने का ही एक रूप है – आलसी

सोच और अंधाधुंध ढंग से कार्य करना।' (लेकिन ये आलसीपन का वह सकारात्मक प्रकार नहीं है, जिसकी वकालत मैं पिछले अध्याय में कर रहा था)

'ज़्यादा मेहनत से नहीं बल्कि ज़्यादा होशियारी से काम करो' कहना भी बंद करें

लोग हमेशा अलबेली सलाहें देते रहते हैं, 'ज़्यादा मेहनत से नहीं बल्कि ज़्यादा होशियारी से काम करो।' 'और ज़्यादा रणनीतिक व्यक्ति बनो।' इस तरह की सलाहें निरर्थक होती हैं, जो सुनने में तो बड़ी अच्छी लगती हैं, लेकिन उन पर अमल करना असंभव होता है। आजकल 'रणनीतिक' शब्द का उपयोग ज़रूरत से ज़्यादा ही होने लगा है। जब भी हम ये जताना चाहते हैं कि फलाँ चीज़ महत्वपूर्ण, उपयोगी और विचारशील है, तो उसके साथ 'रणनीतिक' शब्द जोड़ देते हैं। जैसे – ये सिर्फ एक बैठक नहीं है बल्कि एक रणनीतिक बैठक है... एक रणनीतिक रिपोर्ट है... एक रणनीतिक लॉन्च डेट है... एक रणनीतिक खरीदारी है...। 'जेफरी वेस्ट ब्रांड के शानदार जूतों की खरीदारी, जिन्हें खरीदना वैसे तो मेरी हैसियत से बाहर की चीज़ है, लेकिन मैं बहुत दिनों से चाह रहा था कि मेरे पास भी ये जूते हों।'

जब 'रणनीतिक' शब्द का उपयोग इतने बचकाने ढंग से किया जाता है, तो संगठन के कर्मचारी 'रणनीति' के विचार के प्रति ही उदासीन होने लगते हैं।

आमतौर पर जब इस शब्द का उपयोग वे लोग करते हैं, जो पद के मामले में आम कर्मचारी से दो-तीन स्तर ऊपर हों, तो इसे अक्सर 'उनके काम' के रूप में ही देखा जाता है। और जब आप इस तथ्य को 'रणनीतिक' शब्द के ज़रूरत से ज़्यादा इस्तेमाल के साथ जोड़कर देखते हैं, तो आपको समझ में आता है कि ये दरअसल कुछ और नहीं बल्कि

'रणनीति' को बड़े लोगों की चीज़ के रूप में प्रचारित करने का एक भद्दा प्रयास है।

लेकिन रणनीति कोई अलमारी में धूल खाता हुआ पावरपॉइंट डॉक्यूमेंट नहीं है। रणनीति इससे कहीं ज़्यादा मौलिक चीज़ है। मुझे रणनीति की जितनी परिभाषाओं की जानकारी है, उनमें से माइकल पोर्टर की परिभाषा सर्वश्रेष्ठ है – 'रणनीति का सार है, यह तय करना कि क्या नहीं करना है।'

रणनीतिक सवाल : अगर आप इसके लिए 'हाँ' कह रहे हैं, तो वह क्या है, जिसके लिए आप 'ना' कहेंगे?

ये सवाल आपकी उम्मीद से कहीं ज़्यादा जटिल है, जिससे स्पष्ट है कि इसमें कितनी संभावनाएँ छिपी होती हैं। ये सवाल पूछकर आप दरअसल लोगों से उस चीज़ को लेकर पूरी तरह स्पष्ट और प्रतिबद्ध होने को कह रहे होते हैं, जिसके लिए उन्होंने 'हाँ' कहा है। हम अक्सर किसी चीज़ के लिए आधे मन से सहमति जता देते हैं। साथ ही जिस चीज़ को लेकर सहमति बनी है, वह असल में क्या है, इसे लेकर अक्सर हर कोई गलतफहमी में होता है। (क्या आपको भी कभी किसी से ये वाक्य कहना पड़ा है, 'मैंने तो कभी नहीं कहा कि मैं ऐसा करूँगा।') इसीलिए ये पूछने से कि 'पहले ये स्पष्ट कर लेते हैं कि – आप किस चीज़ के लिए 'हाँ' कर रहे हैं?' सामनेवाले की प्रतिबद्धता बिलकुल स्पष्ट हो जाती है। इसके बाद अगर आप पूछते हैं, 'इस विचार के प्रति पूरी तरह प्रतिबद्ध होने का अर्थ क्या है?' तो चीज़ें और स्पष्ट हो जाएँगी।

लेकिन 'ना' के बिना 'हाँ' का कोई अस्तित्व नहीं है। ये 'हाँ' की एक निश्चित सीमा तय करता है और उसे एक ठोस रूप देता है।

और वास्तव में यहाँ आप 'ना' वाले जवाब के दो प्रकारों को उजागर कर रहे हैं – पहले प्रकार की 'ना' उन विकल्पों पर लागू होती है, जो आपके 'हाँ' कहने से स्वत: ही खत्म हो जाते हैं। जैसे अगर आपने फलाँ मीटिंग में जाने के लिए 'हाँ' कहा, तो इसका अर्थ ये हुआ कि आप स्वत: ही किसी ऐसे कार्यक्रम के लिए 'ना' कह रहे हैं, जो उस मीटिंग के समय ही होना है। इस प्रकार की 'ना' को समझने से आपको निर्णय के निहितार्थ को समझने में मदद मिलती है।

दूसरे किस्म की 'ना' – जो संभवत: बातचीत को और गहनता की ओर ले जाएगी – वह है, जिसे अभी कहना ज़रूरी है ताकि जिन चीज़ों के लिए आप पहले 'हाँ' कह चुके हैं, उन्हें पूरा कर सकें। अपने ज़रूरत से ज़्यादा व्यस्त जीवन में तमाम प्रतिबद्धताओं के बाद भी आप अक्सर किसी अतिरिक्त कार्य के लिए 'हाँ' कह देते हैं और उम्मीद करते हैं कि आप उसे पूरा भी कर लेंगे, मानों आपके हाथ कोई जादू की छड़ी लग गई हो। ये दूसरे किस्म की 'ना' इसी बिंदु पर प्रकाश डालती है कि आपने अब तक जिन चीज़ों के लिए 'हाँ' कहा है, उनके लिए ज़रूरी समय, एकाग्रता, ऊर्जा और संसाधन कैसे जुटाए जाएँ।

आपने सभी मूलभूत चीज़ों का ध्यान रखा है, ये सुनिश्चित करने के लिए आप उस ३पी मॉडल का उपयोग कर सकते हैं, जिसके बारे में पहले अध्याय 'शुरुआती सवाल' में बताया गया था।

प्रोजेक्ट

- आपको कौन से प्रोजेक्ट छोड़ने या स्थगित करने की ज़रूरत है?
- अब आप किन मीटिंग्स में शामिल नहीं होंगे?
- जिन चीज़ों के लिए आपने 'हाँ' कहा है, उनके लिए किन संसाधनों का उपयोग करने की ज़रूरत है?

पीपुल (लोग)

- आपको किन अपेक्षाओं का प्रबंधन करना है?
- आप किस नाटकीय त्रिकोण से खुद को अलग करेंगे?
- आप किन रिश्तों को कमजोर पड़ने देंगे?

पैटर्न

- आपको किन आदतों को छोड़ने की ज़रूरत है?
- आपको किन पुरानी महत्वाकांक्षाओं और मन में चलनेवाली कथाओं को अपडेट करने की ज़रूरत है?
- आपको अपने बारे में किन विश्वासों को त्यागने की ज़रूरत है।

आपको 'ना' कब कहना चाहिए? (और हाँ कब कहना चाहिए?)

मैंने अपने लिंक्डइन समूह से पूछा कि उनके हिसाब से 'हाँ' या 'ना' कहने के अच्छे और बुरे कारण क्या हैं? उनके कुछ जवाब इस प्रकार थे :

	बुरे कारण	अच्छे कारण
	तुम अपना फोन रख दो या ऑफिस से चले जाओ, इसके लिए मैं कुछ भी करने को तैयार हूँ।	मैं सामनेवाले के अनुरोध को लेकर उत्सुक था। मैंने सवाल पूछे और उसने मुझे अच्छे जवाब दिए।
हाँ	मैं जानता हूँ कि मैं ये नहीं करनेवाला।	मैं इस बारे में स्पष्ट हूँ कि मुझे क्या करना बंद करना है ताकि मैं ये करना शुरू कर सकूँ।
	मुझे लगता है कि इससे लोग मुझे सचमुच पसंद करने लगेंगे।	ये मेरे लिए 'महान कार्य' है - यानी ऐसा कार्य जिससे प्रभाव पड़ेगा और जो सार्थक होगा।
	आदत।	मेरे बॉस ने स्पष्ट कर दिया है कि अब इस मामले पर कोई और बातचीत नहीं होगी।

	बुरे कारण	अच्छे कारण
ना	मुझे वह व्यक्ति पसंद नहीं है (मुझे वास्तव में वह व्यक्ति कतई पसंद नहीं है) मैं सहज हूँ और मैं चीज़ों में कोई बदलाव करना नहीं चाहता। आक्रमण करना रक्षा करने का सबसे अच्छा तरीका है। आदत।	मैं सामनेवाले के अनुरोध को लेकर उत्सुक था। मैंने सवाल पूछे और उसने मुझे अच्छे जवाब दिए। अब मुझे पता है कि इसके लिए 'हाँ' कहना उचित नहीं होगा। मैंने विचार किया कि मेरी मुख्य प्राथमिकताएँ क्या हैं। इसलिए अब मैं किसी दबाव में नहीं आनेवाला। मैं एक ऐसे व्यक्ति के रूप में अपनी साख बनाना चाहता हूँ, जो रणनीतिक और विचारशील है।

जब 'ना' कहना मुश्किल हो तब 'ना' कैसे कहें (भाग १)

हममें से अधिकांश के लिए दो किस्म के लोगों को 'ना' कहना सबसे आसान होता है। पहले हैं वे लोग जो हमारे सबसे करीबी होते हैं, जैसे हमारा जीवनसाथी व हमारे बच्चे। वहीं दूसरी श्रेणी में वे लोग आते हैं, जो हमारे करीबी या खास नहीं होते, जैसे कोई सेल्समैन या टेलीमार्केटर। इसके अलावा बाकी किसी को भी 'ना' कहना काफी मुश्किल होता है। दुर्भाग्य से इस तीसरी श्रेणी में हमारे सहकर्मी भी शामिल हैं। कॉरपोरेट संस्कृति के चलते हमारी मुश्किल और ज़्यादा बढ़ जाती है, जहाँ हर चीज़ का तयशुदा जवाब या तो 'हाँ' होता है या फिर 'शायद।'

सादगी की मिसाल बिल जेन्सेन ने मुझे सिखाया कि 'ना' कहने का रहस्य, अपना ध्यान हटाकर ये सीखने में छिपा होता है कि किसी चीज़ के लिए तत्काल 'हाँ' न कहा जाए। दरअसल इस मामले में जो चीज़ हमें सचमुच मुश्किल में डालती है, वह है तत्काल प्रतिबद्धता जताना। बिना ये समझे कि हम किस चीज़ के लिए 'हाँ' कर रहे हैं और सामनेवाला ये

अनुरोध हमसे ही क्यों कह रहा है। तत्काल 'हाँ' न कहने का अर्थ है, किसी चीज़ के प्रति अपनी प्रतिबद्धता जताने से पहले उसके बारे में अधिक जानकारी हासिल करना यानी और अधिक सवाल पूछना।

- आप मुझसे क्यों कह रहे हैं?
- क्या आपने इसके लिए किसी और से भी कहा है?
- आप कह रहे हैं कि ये अत्यावश्यक है। इससे आपका क्या मतलब है?
- इसे किन मानकों के अनुसार पूरा करना होगा? और कब तक?
- अगर मैं कहूँ कि इसे पूरा करने के बजाय मैं सिर्फ इसके एक पहलू पर काम कर सकता हूँ, तो आपके अनुसार वह पहलू कौन सा होगा?
- इसमें से किन चीज़ों की जिम्मेदारी आप खुद ले रहे हैं? ताकि मेरे लिए थोड़ी आसानी रहे।

इस तरह अधिक जानकारी पाने की कोशिश करने से आपको संभवत: चार प्रकार की प्रतिक्रियाएँ मिल सकती हैं, जिनमें से तीन आपके लिए उपयोगी हो सकती हैं।

पहली प्रतिक्रिया, जो आपके लिए उपयोगी नहीं है, उसमें सामनेवाला आपसे कहेगा कि इतने सारे सवाल न पूछें, बस काम में लग जाएँ। सामनेवाला व्यक्ति कौन है, वहाँ की संस्कृति क्या है और कार्य कितना आवश्यक है, इसके आधार पर अक्सर ये स्पष्ट हो जाता है कि आपसे यही अपेक्षा की जाती है कि जो करने को कहा जाए, आप वह कर दें।

तत्काल 'हाँ' न कहने का अर्थ है, किसी चीज़ के प्रति अपनी प्रतिबद्धता जताने के बजाय पहले उसके बारे में अधिक जानकारी हासिल करना।

दूसरी प्रतिक्रिया होगी कि सामनेवाले के पास आपके सारे सवालों के अच्छे जवाब होंगे। ये अच्छी बात है क्योंकि इसका अर्थ है कि उसने आपसे सोच-समझकर अनुरोध किया है, न कि सिर्फ इसलिए क्योंकि आप सबकी मदद कर देते हैं या उसे आपका ई-मेल एड्रेस लिस्ट में सबसे ऊपर नज़र आया था।

तीसरी प्रतिक्रिया होगी कि उसके पास आपके सवालों के जवाब तो नहीं होंगे, लेकिन वह आपके लिए जवाब ढूँढ़ने को तैयार होगा। ये अच्छा है। कम से कम इससे आपको थोड़ा समय मिल जाएगा और हो सकता है कि वह दोबारा आपके पास अपना अनुरोध लेकर ही न आए।

और अंतत: सामनेवाला ये कह सकता है : 'आपको सहमत करना कुछ ज़्यादा ही मुश्किल है। बेहतर होगा कि मैं इसके लिए किसी और को ढूँढ़ लूँ, जो तुरंत 'हाँ' कह दे।'

सन 2002 के हार्वर्ड बिजनेस रिव्यू में 'बीवेयर द बिजी मैनेजर' शीर्षक से प्रकाशित एक लेख में हेक ब्रुच और सुमंत्र घोषाल ने कहा कि 'सिर्फ 10 फीसदी मैनेजर ही ऐसे होते हैं, जिनके पास सचमुच मायने रखनेवाली चीज़ों पर काम करने के लिए ज़रूरी एकाग्रता और ऊर्जा होती है।' सच कहूँ, तो मुझे तो 10 फीसदी का ये आंकड़ा भी ज़्यादा लगता है। लेकिन अगर आप विचार करेंगे, तो आपको अपने संगठन में कोई न कोई ऐसा व्यक्ति ज़रूर नज़र आएगा, जो चीज़ों को बिखरने नहीं देता और आम बातचीत की आक्रामकता व उन अतिरिक्त जिम्मेदारियों को बढ़ने नहीं देता, जो हम पर बोझ बन सकती हैं। हो सकता है कि उस व्यक्ति

को संगठन में हर कोई पसंद न करता हो – लोग आपको पसंद करें, ये इच्छा ही नाटकीय त्रिकोण के 'रक्षक' की इस प्रतिक्रिया को संचालित करती है कि 'हाँ, मैं वह कार्य कर दूँगा।' – लेकिन पूरी संभावना है कि वह एक वरिष्ठ, सफल और सम्माननीय व्यक्ति होगा।

और वह इसीलिए सफल व सम्माननीय व्यक्ति है क्योंकि वह तुरंत 'हाँ' नहीं कहता बल्कि 'हाँ' कहने में आपसे भी ज़्यादा समय लेता है।

जब 'ना' कहना मुश्किल हो तब 'ना' कैसे कहें (भाग 2)

किसी चीज़ को 'ना' कहना थोड़ा अजीब होता है क्योंकि वास्तव में आप किसी चीज़ को नहीं बल्कि किसी व्यक्ति को 'ना' कह रहे होते हैं, जिससे ये जोखिम बढ़ जाता है कि उसकी उम्मीदें टूट जाएँगी, वह नाराज़ हो जाएगा और उसे लगेगा कि आपने उन्हें निराश कर दिया।

दूसरों की सहायता करने से जुड़ा एक महत्वपूर्ण रहस्य है – जिसकी जानकारी मुझे एक अलग संदर्भ में 'शैतानी की कोचिंग' विषय पर हो रही चर्चा के दौरान मिली। यह रहस्य है – तीसरा बिंदु बनाना यानी एक ऐसी चीज़ की पहचान करना, जिसे आप 'ना' कह रहे हैं पर ये चीज़ कोई व्यक्ति नहीं होना चाहिए। जैसे किसी के अनुरोध को कागज के एक टुकड़े पर या किसी चार्ट पर दर्ज कर लेना और फिर उसकी ओर इशारा करके कहना, 'मुझे लगता है कि मुझे इसके लिए 'ना' कहना होगा।' ये वाक्य कहीं बेहतर है, बजाय यह कहने के कि 'मुझे लगता है कि मुझे आपको 'ना' कहना होगा।

व्यक्ति को 'हाँ' कहें पर कार्य को 'ना' कह दें।

अन्य पाँच रणनीतिक सवाल

रणनीति के विषय पर ढेरों किताबें उपलब्ध हैं और उनमें से अधिकांश ऐसी हैं, जिन्हें नज़रअंदाज करना ही बेहतर है। पर अगर आप सचमुच इस

विषय पर कोई किताब पढ़ना चाहते हैं, तो मैं रॉजर मार्टिन और ए.जी. लेफली की मशहूर किताब 'प्लेइंग टू विन' की सिफारिश करूँगा। लेफली प्रॉक्टर एंड गैम्बल के सीईओ थे और उनके दौर में कंपनी ने सफलता के नए कीर्तिमान स्थापित किए। सीईओ के रूप में लेफली का प्रदर्शन इतना शानदार रहा कि पहला कार्यकाल पूरा होने के बाद उन्हें दूसरे कार्यकाल के लिए बुला लिया गया। वहीं मार्टिन एक सफल लेखक होने के साथ-साथ टोरंटो यूनिवर्सिटी के रॉटमैन स्कूल ऑफ मैनेजमेंट के डीन भी रह चुके हैं। मार्टिन, लेफली के सबसे भरोसेमंद सलाहकर्ता थे। उन्होंने रणनीति के विषय को पाँच ऐसे प्रमुख सवालों में बाँटा, जिनका जवाब देना ज़रूरी है। ये पाँचों सवाल कर्मचारियों और टीम से लेकर अरबों डॉलर के जटिल और वैश्विक संगठन जैसी चीज़ों को अपने आपमें समेटे हुए थे।

पर ये सवाल रैखिक नहीं हैं। इनमें से किसी एक का जवाब देना, अगले सवाल के जवाब को (और संभवत: पिछले सवाल के जवाब को भी) प्रभावित कर सकता है। इस प्रक्रिया की असली शक्ति हर सवाल पर बार-बार काम करने और अपने जवाबों को संरेखित करने में छिपी होती है। ड्वाइट डी. आईजेनहावर ने कहा था कि 'योजनाएँ किसी काम की नहीं होतीं, लेकिन योजनाबद्ध तरीके से काम करना अनिवार्य है।' एक कथन भले ही ज़रा कठोर हो पर इसमें कोई दोराय नहीं कि ये सवाल आपको योजनाबद्ध तरीके से काम करने के लिए मजबूर कर देते हैं। ये रहे वे पाँच सवाल :

हमारी जीत की आकांक्षा क्या है? अपने चुनाव को जीत के रूप में जाहिर करने से आपके पास यह विकल्प ही नहीं रह जाता कि आप औसत दर्जे का काम करें। अगर आप सचमुच जीत हासिल करना चाहते हैं, तो आपको पता होना चाहिए कि आप कौन सा खेल खेल रहे हैं और किससे (व किसके खिलाफ) खेल रहे हैं। आप दुनिया पर कैसा प्रभाव डालना चाहते हैं?

हम कहाँ खेलेंगे? समुद्र में उबाल लाने जैसी कोई असंभव महत्वाकांक्षा पालना शायद ही कभी आपको सफल बना सके। इसलिए एक विशिष्ट क्षेत्र, स्थान, उत्पाद, माध्यम और ग्राहक समूह के चुनाव से आपको अपने संसाधनों को एक निश्चित दिशा में केंद्रित करने का मौका मिलता है।

हम कैसे जीतेंगे? आपके और दूसरों के बीच का वह कौन सा अंतर है, जिसका आप बचाव कर सकते हैं और जो आपके और उनके बीच की दूरी को घटा सकता है।

क्या क्षमताएँ होनी चाहिए? सिर्फ ये जानना ही महत्वपूर्ण नहीं है कि आपको क्या करने की ज़रूरत है बल्कि आपको ये भी जानना होगा कि वह आपकी ताकत कैसे बनेगा।

किन प्रबंधन प्रणालियों की ज़रूरत है? चीज़ों का आंकलन करना तो आसान होता है, लेकिन यह पता लगाना कहीं ज़्यादा मुश्किल है कि आप किन चीज़ों का आंकलन करना चाहते हैं, जो सचमुच मायने रखती हैं।

किसी खोज में लगे होने और एक ऐसा व्यक्ति बनने में ज़्यादा अंतर नहीं है, जो सवाल पूछता है।

- सैन कीन

सवालों के पीछे का सवाल हमारा रणनीतिक सवाल है: अगर आप इसके लिए सचमुच 'हाँ' कह रहे हैं, तो फिर वह क्या होगा, जिसके लिए आप 'ना' कहेंगे। इसे मार्टिन और लेफली हमारे सामने कुछ इस प्रकार रखते हैं: 'याद रखें कि रणनीति का अर्थ है ऐसे विकल्पों का चुनाव, जो आपको जीत दिलाएँ। यह पाँच विशिष्ट विकल्पों का एक समन्वित और एकीकृत समूह है। जब आप अपनी रणनीति को परिभाषित करें, तो तय करें कि आप क्या करेंगे और क्या नहीं करेंगे।' एचपी की सीईओ मेग

व्हाइटमैन (जो प्लेइंग टू विन की इतनी बड़ी प्रशंसक हैं कि उन्होंने हर मैनेजर से ये किताब पढ़ने का निर्देश दिया।) इसे कुछ इस प्रकार हमारे सामने रखती हैं : 'यह प्रक्रिया मुश्किल सौदे पूरे करने के लिए मज़बूर कर देती है।'

अपनी नई आदत यहाँ निर्मित करें

जब ऐसा हो...

उन पलों को, लोगों को और संभवत: उन भावनाओं को भी कागज पर लिखना, जो आपका ट्रिगर हैं।

यहाँ आपका ट्रिगर है ये देखना कि कर्मचारी अतिरिक्त जिम्मेदारी लेकर अपने काम का बोझ ज़रूरत से ज़्यादा बढ़ा रहे हैं। या फिर जब वे संभावित मुश्किलों से घबराकर किसी विकल्प का चुनाव न करें बल्कि हर चीज़ के लिए 'हाँ' कहकर सब कुछ गड़बड़ कर दें। या फिर जब प्रोजेक्ट की गति बहुत तेज हो और आपको लगातार ऐसे बदलाव होते नज़र आएँ, जिन्हें नियंत्रित करना मुश्किल हो। संक्षेप में कहें, तो जब भी कोई व्यक्ति कुछ नया करने का निर्णय ले रहा हो, तो वह आपका ट्रिगर है।

तो बजाय ये करने के...

अपनी उस पुरानी आदत को स्पष्टता के साथ कागज पर लिखना, जिसे आप छोड़ना चाहते हैं। इस सवाल के मामले में, यह अपने अंदर बैठे सलाह के दानव को वश में करने से जुड़ा हो सकता है।

जब आप देखें कि अपनी क्षमता की सीमाओं की अवहेलना करते हुए आप अतिरिक्त कार्य हाथ में ले रहे हैं, तो समझ जाएँ कि आप एक बार फिर रक्षक की भूमिका में (जहाँ आप सामनेवाले को खुश रखने के उद्देश्य से हर चीज़ के लिए 'हाँ' कह देते हैं) या फिर पीड़ित की भूमिका में (जब आपको लगता है कि आपके पास 'हाँ' कहने के अलावा और

कोई विकल्प नहीं है) में आ गए हैं और आपको इससे निकलना है।

मैं ये करूँगा...

अपनी नई आदत का वर्णन करना।

तत्काल काम शुरू करके उसके बोझ तले दबने से बचें और पूछें, 'इस 'हाँ' को ठोस बनाने के लिए आप किसी चीज़ को 'ना' कहेंगे?'

बॉक्स ऑफ क्रेयॉन्स लैब की ओर से

डेनियल कानमेन ने 2002 में मूल्यांकन करने और निर्णय लेने के मनोविज्ञान में अपने योगदान के लिए अर्थशास्त्र का नोबेल पुरस्कार जीता था। उनके इस कार्यक्षेत्र को आम भाषा में व्यावहारिक अर्थशास्त्र कहा जाता है। कानमेन अपनी किताब 'थिंकिग, फास्ट एंड स्लो' के लिए भी खासे मशहूर हैं। जिसमें उन्होंने बताया कि हमारे निर्णय लेने की दो प्रक्रियाएँ होती हैं: पहली है, तेज, सहज और अंत:भावना से निर्णय लेने की प्रक्रिया और दूसरी है, धीमी व अपेक्षाकृत अधिक तर्कसंगत प्रक्रिया। तेजी से सोच-विचार करने का तरीका बहुत बढ़िया और सटीक होता है - लेकिन हमेशा नहीं। और ऊपर से हमारे कई कॉग्नीटिव बायस (संज्ञानात्मक पूर्वाग्रह) भी होते हैं, जिनके चलते हम कई बार गलत निर्णय ले लेते हैं। लेकिन रणनीतिक सवाल की मदद से हम इनमें से कम से कम दो पूर्वाग्रहों से बच सकते हैं।

पहला पूर्वाग्रह है, योजना का भ्रम जिसका सार ये है कि किसी काम को पूरा करने में हमें कितना समय लगेगा, इसका सही अंदाजा लगाने के मामले हम एकदम नकारा होते हैं। ऐसा इसलिए होता है क्योंकि हम अपनी क्षमताओं को ज़रूरत से ज़्यादा आंक लेते हैं और अपने इस भ्रमित आंकलन को सच मान बैठते हैं। हमें लगता है कि हम अपने सामर्थ्य से कहीं ज़्यादा काम कर सकते हैं; रणनीतिक सवाल हमें हमारी क्षमताओं

और सामर्थ्य के मामले में यथार्थवादी बनाता है, जिससे हमें ये समझने में मदद मिलती है कि हमारे लिए क्या करना संभव है और क्या नहीं।

दूसरे पूर्वाग्रह को प्रॉस्पेक्ट थ्योरी के नाम से जाना जाता है, जो बताती है कि लाभ और हानि को समान रूप से नहीं मापा जाता। 100 डॉलर कमाना जितना अच्छा लगता है, 100 डॉलर गंवाना उससे कहीं ज़्यादा बुरा लगता है। इस पूर्वाग्रह का एक परिणाम ये है कि एक बार जब हम कुछ पा जाते हैं, तो न सिर्फ उसे गँवाने से बचना चाहते हैं बल्कि उसे ज़रूरत से ज़्यादा मूल्यवान भी मानने लगते हैं। रणनीतिक सवाल पूछने से यह स्पष्ट हो जाता है कि हम क्या बचाकर रखने की कोशिश कर रहे हैं ताकि समझा जा सके कि वह क्या है, जो सचमुच बचाकर रखने लायक है और वह क्या है, जिसे हमें छोड़ने की ज़रूरत है।

सवाल की मास्टरक्लास भाग 7

आपको जो जवाब मिलें उन्हें स्वीकार करें

कनाडाई गायिका कार्ली रे जेप्सेन का 2012 का गीत 'कॉल मी मेबी' काफी मशहूर हुआ। इसके वीडियो (जिसके अंत में एक कमाल का ट्विस्ट था) को यूट्यूब पर 700 मिलियन बार देखा जा चुका है। साथ ही ये गीत संगीत के प्राचीन रूप कॉल एंड रिस्पॉन्स के सबसे ताज़ा उदाहरणों में से एक है। इस गीत में कार्ली रे गाती हैं ('हे, आई जस्ट मेट यू') और इसके रिस्पॉन्स (प्रतिक्रिया) में क्यू वॉयलिन बजता है। कार्ली रे फिर गाती हैं ('एंड दिस इस क्रेजी') और एक बार फिर रिस्पॉन्स में वॉयलिन बजता है। आप इस पैटर्न को मशहूर अमेरिकी गायक मडी वॉटर्स के क्लासिक गीत 'मैनिश बॉय' से लेकर अमेरिकी लोक संगीत और ब्लूज* में भी देख सकते हैं।

अब आप अपने अंदर बैठे सलाह के दानव से पूरी तरह परिचित हैं। साथ ही तत्काल सलाह-मशवरा देने के बजाय अपना ध्यान सवालों पर केंद्रित रखे हुए हैं। इसके लिए आप वाहवाही के हकदार हैं। अब आप भी कॉल एंड रिस्पॉन्स शैली अपना लें। सामनेवाले का जवाब सुनकर 'और कुछ?' सवाल पूछने से पहले उसके जवाब को स्वीकार करना और ये जताना न भूलें कि आपने उसका जवाब ध्यान से सुना है।

---

*संगीत की एक विशेष शैली, जिसका जन्म अमेरिका के सुदूर दक्षिण में अफ्रीकी-अमेरिकी समुदाय में हुआ

आपको ज़्यादा कुछ कहने की ज़रूरत नहीं है।

इसका उद्देश्य लोगों का आंकलन करना नहीं बल्कि उन्हें प्रोत्साहित करना है।

साथ ही ये जताना है कि सामनेवाले ने जो कहा, आपने उसे ध्यानपूर्वक सुना है।

मेरे कुछ पसंदीदा जवाब इस प्रकार हैं:

- बहुत अच्छे! क्या बात है! मुझे ये पसंद आया।
- बढ़िया। अच्छा, ये तो बड़ी अच्छी बात है। हम्म।

ये रही आपकी नई आदत

जब ऐसा हो...

जब सामनेवाला मेरे किसी सवाल का जवाब दें...

तो बजाय ये करने के...

तत्काल एक और सवाल पूछने के...

मैं ये करूँगा...

मैं ये कहते हुए उसका जवाब स्वीकार करूँगा कि 'अच्छा, ये तो बड़ी अच्छी बात है।'

सीखने का सवाल

इसमें आप जानेंगे कि किसी बातचीत को इस प्रकार कैसे समाप्त किया जाए कि उसके अंत में आप एक जीनियस लगें।

लोग कैसे सीखते हैं

एक मैनेजर और एक लीडर के रूप में आप चाहते हैं कि लोग अपना काम पूरा करें। लेकिन आप उनसे सिर्फ इतना ही नहीं बल्कि और भी बहुत कुछ चाहते हैं। आप चाहते हैं कि वे सीखें ताकि अधिक सक्षम, अधिक आत्मनिर्भर और अधिक सफल बन सकें। और अच्छी बात ये है कि वे भी यही चाहते हैं।

लेकिन सीखने की प्रक्रिया में लोगों की मदद करना मुश्किल होता है। कभी-कभी तो लगता है कि आपके कई बार बताने और समझाने के बाद भी वह चीज़ उनके पल्ले नहीं पड़ रही है, जो आप उन्हें सिखाने की कोशिश कर रहे हैं। इसका कारण ये है:

आपके बताने या समझाने से लोग कुछ नहीं सीखते।

और न ही वे कोई काम करते हुए सीखते हैं।

बल्कि वे सिर्फ तब सीखना शुरू करते हैं, उनके दिमाग में नए न्यूरल पाथवे (तंत्रिका पथ) सिर्फ तब बनना शुरू होते हैं, जब उन्हें हाल ही में हुई किसी चीज़ को याद करने और उस पर विचार करने का मौका मिलता है।

सीखने का सवाल: 'आपके लिए सबसे उपयोगी क्या था?'

शिक्षा के क्षेत्र से जुड़े क्रिस अर्गीरिस ने करीब चालीस साल पहले इसके लिए एक शब्द गढ़ा था - डबल-लूप लर्निंग। अगर पहला लूप है, किसी समस्या को सुलझाने की कोशिश करना तो दूसरा लूप है, समस्या के बारे में 'सीखने का एक क्षण' तैयार करना। इस दूसरे लूप में ही लोगों को नई अंतर्दृष्टि मिलती है। यहाँ नए संबंध बनते हैं और 'अहा!' का एहसास करानेवाले क्षणों का अनुभव होता है।

एक मैनेजर और एक लीडर के रूप में आपका काम है, लोगों के लिए एक ऐसा स्थान तैयार करने में मदद करना, जहाँ वे सीखनेवाले क्षणों का अनुभव कर सकें।

और ऐसा करने के लिए आपको एक ऐसे सवाल की ज़रूरत है, जो इस डबल-लूप लर्निंग को संचालित करे। और ये सवाल है - 'आपके लिए सबसे उपयोगी क्या था?'

सीखने का तंत्रिका विज्ञान

अगर आप सीखने और तरक्की करने जैसी चीज़ों के बारे में थोड़ी सी भी समझ रखते हैं, तो आपको पता होगा कि सबसे बड़ी समस्या है, जानकारियों को याद रखना। अधिकांश लोग कॉरपोरेट ट्रेनिंग की क्लास से बाहर निकलते ही करीब-करीब वह सब भूल जाते हैं, जो उन्हें वहाँ बताया गया होता है। और करीब एक सप्ताह बाद तो वह सब सिर्फ एक धुँधली याद बनकर रह जाता है, भले ही वहाँ कितनी भी गहन अंतदृष्टि दी गई हो। वहीं अगर आप ऐसी किसी क्लास में सीखनेवाले के बजाय सिखानेवाले के तौर पर गए हों और इसके लिए आपको दो-तीन दिन का समय मिला हो, तब भी संभवत: आपने ठीक ऐसा ही अनुभव किया होगा।

आप दूसरों को सिखाने के लिए जो कुछ भी तैयार करके गए होंगे, क्लास में जाने के बाद बहुत कम ही ऐसा होगा, जो आपको याद रहा हो।

लेकिन अब हम जानते हैं कि सीखने के अनुभव को और अधिक सफल कैसे बनाया जाए। इसका श्रेय न्यूरोसाइंस (तंत्रिकाविज्ञान) और साइकोलॉजी (मनोविज्ञान) को जाता है। किसी चीज़ को लंबी-अवधि तक याद रखने के पीछे सक्रिय चार मुख्य तंत्रिका संबंधी कारकों को समझाने के लिए जॉन डेविस और न्यूरोलीडरशिप इंस्टीट्यूट के उनके सहयोगियों ने एजीईएस मॉडल तैयार किया था। यहाँ एजीईएस का अर्थ है अटेंशन (ध्यान), जेनरेशन (उत्पादन), इमोशन (मनोभाव) और स्पेसिंग (अंतराल)। इनमें से हमारे लिए जो महत्वपूर्ण है, वह है जेनरेशन (निमर्णि) - नए और मौजूदा विचारों के साथ जुड़ना (और साझा करना।)... खासकर जब हम सिर्फ पढ़ने के बजाय, अपना समय लगाकर पूरी मेहनत से सवालों के जवाब ढूँढ़कर ज्ञान निर्मित (अर्जित) करते हैं, तो याद रखने की हमारी क्षमता बढ़ जाती है।

संक्षिप्त में कहें, तो यही कारण है कि सलाह देना इतना महत्वपूर्ण भी नहीं है, जितना हमें लगता है। मान लीजिए, मैं आपको कुछ बताता हूँ, तो इस बात की संभावना काफी सीमित है कि वह जानकारी आपके दिमाग के हिप्पोकैम्पस में पहुँच जाएगी। हिप्पोकैम्पस आपके दिमाग का वह क्षेत्र है, जो जानकारियों को स्मृति के रूप में सहेजकर रखता है। वहीं अगर मैं आपसे कोई सवाल पूछता हूँ और आप खुद उसका एक जवाब निर्मित करके बताएँ, तो उसे याद रखने की संभावना उल्लेखनीय रूप से बढ़ जाती है।

'सीखना, पुनः प्राप्त करना'

इसी से संबंधित एक अन्य अंतर्दृष्टि मनोविज्ञान की दुनिया में मिलती है। मैं बात कर रहा हूँ, पीटर ब्राउन, हेनरी रोएडिगर और मार्क मैक्डेनियल

की उत्कृष्ट किताब 'मेक इट स्टिक: द साइंस ऑफ सक्सेसफुल लर्निंग' की। ये तीनों मनोविज्ञान के विख्यात प्रोफेसर हैं और इन्होंने उन उत्कृष्ट रणनीतियों का एक उपयोगी सारांश तैयार किया है, जो सीखने में लोगों की मदद करती है। इन्होंने जो पहली प्रमुख रणनीति साझा की है, वह है, सूचना की पुन: प्राप्ति के प्रभाव का दोहन। उन्होंने इसे बड़ी खूबसूरती से हमारे सामने रखा है: 'इसमें सबसे आवश्यक है, भूलने की प्रक्रिया को बाधित करना।' भूलना तुरंत शुरू हो जाता है, लिहाजा बातचीत के अंत में सिर्फ सवाल पूछकर भी आप भूलने को बाधित कर सकते हैं। फिर आपको ये नहीं कहना पड़ता कि 'मैंने इसके बारे में पहले कभी नहीं सुना!'

और अगर आप ज़्यादा बड़ा दांव लगाना चाहते हैं, तो कोई ऐसा तरीका ढूँढ़ सकते हैं कि ये सवाल बातचीत के अंत में उठने के बजाय बीच में उठे। ये लेखक तिकड़ी कहती है, 'सोचना, अभ्यास करने का ही दूसरा रूप है;' तो इसका एक क्षण निर्मित करें और आपको डॉन कॉएल के 'गहन अभ्यास' का स्थान मिल जाएगा। एक विकल्प है, सवाल को टीम की मीटिंग की शुरुआत में पूछना। जबकि दूसरा विकल्प है, सवाल को कर्मचारियों के साथ व्यक्तिगत रूप से होनेवाली पूर्वनिर्धारित मीटिंग में पूछना : 'पिछली बार जब हम मिले थे, तब से अब तक आपने क्या सीखा।' मेरा एक नियम है कि मैं हर रोज दिन के अंत में आई-डन-दिस नामक एप का उपयोग करता हूँ। मैंने दिनभर क्या किया सिर्फ उसके बारे में लिखने के बजाय, मैं एक या दो वाक्य इस बारे में लिखता हूँ कि मैंने दिनभर में क्या सीखा और उनमें से किस चीज़ पर मुझे सबसे ज़्यादा गर्व है।

'आपके लिए सबसे उपयोगी क्या था?' सवालों की सूची में सबसे ऊपर क्यों है

ऐसे कई सवाल हैं, जिन्हें आप निर्माण और पुन: प्राप्ति की इस

प्रक्रिया में सीखने की प्रक्रिया जोड़ने के लिए पूछ सकते हैं, जैसे – 'आपने क्या सीखा?' 'मुख्य अंतर्दृष्टि क्या थी?' 'आप क्या याद करना चाहेंगे?' और 'वह क्या है, जिसे हासिल करना ज़रूरी है?' ये ऐसे सवाल हैं, जो इस मामले में स्पष्ट रूप से आपके सहायक हो सकते हैं। साथ ही ये सवाल अच्छे भी हैं।

लेकिन अन्य सभी सवालों के मुकाबले 'आपके लिए सबसे उपयोगी क्या था?' कहीं ज़्यादा सशक्त और कारगर सवाल है। 'सबसे उपयोगी क्या था?' कम से कम छह प्रकार से बिलकुल सटीक काम करता है।

ये सवाल मानकर चलता है कि बातचीत उपयोगी रही होगी

विंस्टन चर्चिल ने एक बार कहा था कि लोग कभी-कभी लड़खड़ाते हुए सच पर आ गिरते हैं, लेकिन उनमें से अधिकांश उठकर अपने कपड़ों की धूल झाड़ते हुए तत्काल वहाँ से निकल जाते हैं, जैसे कभी कुछ हुआ ही न हो। यह बात उन बातचीतों के मामले में भी बिलकुल सच है, जो आप अपने आसपास के लोगों के साथ करते हैं। उनसे आपको खासा ज्ञान हासिल हो सकता है, लेकिन ये सिर्फ तभी संभव है, जब आप ज़रा ठहरकर एक गहरी नज़र डालें। जो हाल ही में हुआ, उसे 'सीखने का सवाल' एक ऐसी चीज़ के रूप में प्रस्तुत करता है, जो सचमुच उपयोगी था। साथ ही ये सवाल एक ऐसा क्षण तैयार कर देता है, जिसमें यह पता लगाया जा सकता है कि जो हुआ, वह असल में क्या था।

ये सवाल उस एक बड़ी चीज़ की पहचान करने को कहता है, जो सबसे उपयोगी थी

कम फीडबैक देना, ज़्यादा फीडबैक देने से हमेशा बेहतर होता है। अगर आप दर्जनभर चीज़ों में सुधार करने के लिए कहेंगे, तो कोई भी परेशान हो जाएगा। लिहाजा ऐसी 'एक बड़ी चीज़' ढूँढ़ना कहीं ज़्यादा प्रभावी होता है, जो सचमुच याद रखने योग्य हो।

आमतौर पर ये सवाल बातचीत के एक या दो प्रमुख अंशों पर सामनेवाले का ध्यान केंद्रित करने में सहायक होता है।

हम अपने सवालों द्वारा रची गई दुनिया में रहते हैं।
- डेविड कूपरराइडर

ये सवाल बातचीत को व्यक्तिगत बना देता है

सवाल में 'आपके लिए' जोड़ना इसे अमूर्त से व्यक्तिगत और वस्तुनिष्ठ से व्यक्तिपरक बना देता है। इस तरह आप लोगों के दिमाग में नए न्यूरल पाथवे (तंत्रिका पथ) बनाने में सहायक होते हैं।

और हाँ, इस सवाल के चलते लोग खुद अपने आपको ये बताते हैं कि क्या उपयोगी था, बजाय इसके कि आप उन्हें बताएँ कि आपके हिसाब से क्या उपयोगी होना चाहिए। और आपका ये बताना सिर्फ एक अच्छी सलाह जैसा लगता है, उससे ज़्यादा कुछ नहीं।

ये सवाल आपको फीडबैक देता है

आपको सामनेवाले से जो भी जवाब मिले, उसे ध्यान से सुने क्योंकि वह सिर्फ उनके लिए ही उपयोगी नहीं है, जो दूसरों को कोच करते हैं बल्कि आपके लिए भी उपयोगी है। ऐसा करने से आपको ये मार्गदर्शन मिलेगा कि अगली बार आपको क्या करना है। साथ ही आपको यह आश्वासन भी मिलेगा (अगर आपको आश्वासन की ज़रूरत है तो) कि आप सलाह देने के बजाय सिर्फ सवाल पूछकर भी उपयोगी साबित हो रहे हैं।

इस सवाल का संबंध सीखने से है न कि आंकलन करने से

आप देखेंगे कि आप ये नहीं पूछ रहे हैं कि 'क्या ये उपयोगी था?' क्योंकि यह सवाल तो 'हाँ/ना' जवाब का रास्ता साफ कर देगा और इससे

कोई अंतर्दृष्टि भी पैदा नहीं होगी; यह सीधे तौर पर आंकलन करने जैसा होगा। पर 'सबसे उपयोगी क्या था?' सवाल लोगों को बातचीत में से वह निकालकर सामने रखने के लिए मज़बूर कर देता है, जो सचमुच मूल्यवान है।

ये सवाल लोगों को याद दिलाता है कि आप उनके लिए कितने उपयोगी हैं

अंततः वार्षिक प्रदर्शन मूल्यांकन का समय आता है। एक कर्मचारी अपनी कंप्यूटर स्क्रीन पर प्रश्नावली की ओर घूर रहा है। उसके माउस का कर्सर ऊपर की ओर फीडबैकवाले हिस्से पर रूका हुआ है, जहाँ ये सवाल दिया गया है कि 'क्या मेरा मैनेजर उपयोगी साबित हो रहा है?' वह पिछले एक साल के बारे में विचार करता है और उसे यकायक एहसास होता है कि आपके साथ हुई हर बातचीत उसके लिए उपयोगी साबित हुई है। अब वह अपने मूल्यांकन में आपको सबसे अच्छे अंक देता है।

कोचिंग के बुकएंड: तेजी से शुरू और मज़बूती से खत्म कैसे करें

इस सवाल के साथ अब आप सवालों के उस जोड़े को पूरा करते हैं, जिसे कोचिंग बुकएंड के नाम से जाना जाता है।

आप 'शुरुआती सवाल' से शुरू करते हैं: 'आपके मन में क्या चल रहा है?'

ये आपको तत्काल उस बातचीत की ओर ले जाता है, जो सचमुच मायने रखती है, बजाय हल्की-फुल्की गपशप करने और उस डाटा में उलझने के, जो उपयोगी कम और ध्यान भटकानेवाला ज़्यादा होता है।

जब आप अपनी बातचीत पूरी करनेवाले हों, तो सभी के उठकर जाने से पहले, आपको सीखने का सवाल पूछना है: 'इस बातचीत में आपके लिए सबसे उपयोगी क्या था?'

इस सवाल के जवाब से उपयोगी चीज़ें सामने आती हैं, ज्ञान और

समझ आपस में साझा होती है और साथ ही सीखना भी हो जाता है। इसके बाद अगर आप बातचीत को और समृद्ध बनाना चाहते हैं – और साथ ही अधिक मज़बूत रिश्ता बनाना चाहते हैं – तो लोगों को ये बताएँ कि बातचीत में आपको सबसे उपयोगी क्या लगा। जानकारियों का यह समान आदान-प्रदान आपके और उनके बीच के सामाजिक अनुबंध को और सशक्त बना देता है।

अपनी नई आदत यहाँ निर्मित करें

जब ऐसा हो...

उन पलों को, लोगों को और संभवत: उन भावनाओं को भी कागज पर लिखना, जो आपका ट्रिगर हैं।

यह सवाल कोचिंग बुकएंड का दूसरा भाग है इसलिए आपका ट्रिगर है, बातचीत का अंत – फिर चाहे वह व्यक्तिगत रूप से आमने-सामने हो रही बातचीत हो या फिर वर्चुअल बातचीत हो; टीम के सदस्य के साथ हो; सहकर्मी के साथ हो; बॉस के साथ हो; टीम की मीटिंग में हो; कोई भाषण देने के बाद हो; किसी मौजूदा ग्राहक के साथ हो या संभावित ग्राहक के साथ हो। अगर उस समय आपके मन में कुछ ऐसा विचार चल रहा है, 'हे भगवान! ये बातचीत तो खत्म हो गई!' तो समझ जाएँ कि सही समय आ गया है।

तो बजाय ये करने के...

अपनी उस पुरानी आदत को स्पष्टता के साथ कागज पर लिखना, जिसे आप छोड़ना चाहते हैं।

विलियम शेक्सपियर के नाटक 'द विंटर्स टेल' में, दुनिया का सबसे मशहूर स्टेज डायरेक्शन कुछ इस प्रकार है: 'बाहर निकलना, भालू को खदेड़ना।' ऐसा लगता है कि अधिकांश बातचीतें भी इसी तरह खत्म होती

हैं। इन बातचीतों में आप सीखने का सवाल पूछने के बजाय, अपनी बात को विराम दे देते हैं, लोगों से कहते हैं कि वे कितने अच्छे हैं और फिर ये चिंता करने लगते हैं कि अगली मीटिंग में क्या होनेवाला है क्योंकि ये मीटिंग लंबी चलने के कारण, आपको अगली मीटिंग के लिए देर हो रही है। इसलिए ये याद रखें कि हर वह गतिविधि, जो अहा! का एहसास करानेवाला क्षण तैयार करने और जो सचमुच मूल्यवान है, उसे निकालकर सामने रखने में असफल रहती हो, उसमें आपको हिस्सा नहीं लेना है।

मैं ये करूँगा...

अपनी नई आदत का वर्णन करना।

आप इसके बारे में पहले से जानते हैं। 'तो यहाँ आपके लिए सबसे उपयोगी क्या था?' या 'इस बातचीत में आपको सबसे मूल्यवान क्या लगा?' या 'यहाँ सबसे कारगर क्या रहा?' या फिर कोई भी ऐसा सवाल, जो लोगों को बातचीत के मूल्यवान पहलुओं और सीखने के बारे में विचार करके उनमें स्पष्टता लाने को कहता है।

बॉक्स ऑफ क्रेयॉन्स लैब की ओर से

मैंने इस अध्याय में ज्ञान की पुन: प्राप्ति में सुधार का विज्ञान साझा किया है। इसलिए मैंने अपनी शोधकर्ता लिंडसे से इस बारे में कुछ नया और दिलचस्प खोजने के लिए कहा कि सीखने का सवाल इतना कारगर क्यों है? और वह मुझे एक अप्रत्याशित चीज़ की ओर ले गई: कोलोनोस्कोपी।

अगली जानकारी पीक-एंड नियम पर डेनियल कानमेन की एक अन्य रिसर्च से सामने आई है। संक्षेप में कहें, तो किसी अनुभव के सबसे सकारात्मक (या सबसे नकारात्मक) पहलू और उसके अंतिम क्षणों का इस बात पर गहरा प्रभाव पड़ता है कि हम उस अनुभव का मूल्यांकन कैसे

करेंगे। जब आप किसी अनुभव को एक सफल बिंदु पर खत्म करते हैं, तो उस बिंदु से पहले का सारा अनुभव आपको और बेहतर नज़र आने लगता है।

लोगों ने इस सिद्धांत का परीक्षण कई तरीकों से किया है, जिनमें सबसे गहन था, कोलोनोस्कोपी। एक अध्ययन में कुछ मरीजों की पारंपरिक कोलोनोस्कोपी की गई, जबकि बाकी मरीजों पर अन्य संशोधित पद्धतियाँ आज़माई गईं। जिन मरीजों की कोलोनोस्कोपी की अवधि करीब एक मिनट बढ़ाई गई, लेकिन जिन्होंने प्रक्रिया के अंतिम क्षणों में कम दर्द अनुभव किया, उन्होंने बाद में इसे याद करते हुए बताया कि उन्हें 10 फीसदी कम दर्द महसूस हुआ। साथ ही उन्होंने इस पद्धति को अन्य प्रतिकूल अनुभवों से कम तकलीफदेह भी बताया। इस पद्धति के लिए दोबारा आने की इन मरीजों की संभावना भी 10 फीसदी ज़्यादा रही।

'यहाँ आपके लिए सबसे उपयोगी क्या था?' सवाल किसी बातचीत को खत्म करने का एक सशक्त और सकारात्मक तरीका है। इस तरह आप लोगों को उस बातचीत में मौजूद सीखने लायक चीज़ को देखने और उसे अपनाने में मदद करते हैं। साथ ही बातचीत को 'यह उपयोगी था' बिंदु पर खत्म करके आप उनके लिए इस अनुभव को अपेक्षाकृत अधिक सकारात्मकता के साथ याद करने का रास्ता भी खोल देते हैं।

सवाल की मास्टरक्लास भाग 8

सवाल पूछने के लिए हर माध्यम का उपयोग करें

अब हम किताब के आखिरी हिस्से में हैं। अब तक तो आप समझ ही गए होंगे कि ये किताब किस बारे में है। आप जिन लोगों का प्रबंधन करते हैं, जिन्हें प्रभावित करते हैं या जिनके साथ मिलते-जुलते हैं, आपको उनसे बातचीत करने का अपना तरीका बदलना है। इसके लिए आप बातचीत करते समय अपनी जिज्ञासा बनाए रखेंगे, अपने अंदर बैठे सलाह के दानव पर लगाम लगाकर रखेंगे और लोगों को अपना आगे का रास्ता खुद पता लगाने में मदद करेंगे। साथ ही अगर इस दौरान उन्हें सलाह-मशवरा देना हो या अपनी समझ को उनके साथ साझा करना हो, तो उचित समय पर और उचित मात्रा में साझा करेंगे।

इसके बावजूद हमारे जीवन का एक बड़ा हिस्सा स्क्रीन के सामने, की-बोर्ड पर उँगलियाँ चलाते हुए, ई-मेल, इंस्टेंट मैसेज, टेक्स्ट मैसेज भेजते हुए, फेसबुक स्टेटस डालते हुए और ट्वीट करते हुए बीतता है। (इनके साथ-साथ यहाँ उन ढेरों इलेक्ट्रॉनिक माध्यमों के नाम भी जोड़ लीजिए, जिन्हें आप फिलहाल किसी न किसी रूप में इस्तेमाल कर रहे हैं।)

ये सात प्रमुख सवाल आमने-सामने की बातचीत में जितने कारगर हैं, उतने ही कारगर इन संचार माध्यमों के जरिए होनेवाली बातचीत में भी हैं।

इसका अर्थ ये हुआ कि इससे आपके लिए काफी कुछ बदल सकता है। अब जब भी आपको कोई लंबा ई-मेल मिलेगा, तो आप उससे निपटने के लिए पहले से तैयार होंगे। जबकि पहले जब आपको कोई लंबा ई-मेल मिलता था, तो आप ठंडी साँस भरकर रह जाते थे, प्रतीकात्मक रूप से अपनी बाँहें चढ़ा लेते थे और फिर उसका एक लंबा जवाब टाइप करना शुरू करते थे, जिसमें ढेर सारा सलाह-मशवरा होता था। पर अब आप तत्काल अपना ध्यान केंद्रित करने के लिए और अपने इनबॉक्स पर कम समय खर्च करने के लिए इन सवालों का उपयोग कर सकते हैं।

ये सवाल लिखित रूप से पूछे जाने पर जितने कारगर साबित होते हैं, मौखिक रूप से पूछने पर भी उतने ही कारगर होते हैं।

ये रही आपकी नई आदत

जब ऐसा हो...

जब मेरे पास एक ऐसा ई-मेल आए, जो मेरे सलाह के दानव को जगा दें...

तो बजाय ये करने के...

समाधानों, नए विचारों और विस्तृत दृष्टिकोण से भरपूर एक लंबा और संपूर्ण जवाब लिखने के बजाय या सिर्फ एक सलाहवाला संक्षिप्त और छोटा जवाब लिखने के बजाय...

मैं ये करूँगा...

मैं ये तय करूँगा कि सात प्रमुख सवालों में से कौन सा सवाल सबसे उपयुक्त होगा और फिर सामनेवाले को ई-मेल भेजकर वह सवाल पूछूँगा। यह कुछ इस प्रकार होगा :

‘वाह! यहाँ तो काफी कुछ हो रहा है। आपको क्या लगता है, यहाँ आपके लिए असली चुनौती क्या है?’

‘मैंने आपका पूरा ई-मेल पढ़ा। अब एक या दो वाक्यों में मुझे ये बताएँ कि आप क्या चाहते हैं?’

‘एक विस्तृत जवाब भेजने से पहले मैं आपसे पूछना चाहता हूँ: यहाँ आपके लिए असली चुनौती क्या है?’

निष्कर्ष

अपना अस्तित्व बचानेवाला?

मैं अभी भी ऑस्ट्रेलिया में एक यूनिवर्सिटी छात्र था और अब तक अपने शहरी भाग्य को पूरी तरह स्वीकार नहीं कर पाया था।

अब तक मुझे समझ में आ चुका था कि मैं एक शहरी लड़का हूँ। मेरे हाथ किसी टाइपिस्ट के हाथों की तरह कोमल थे और मेरे अंदर 'सब कुछ खुद करने' या फिर 'अस्तित्व बचाने' का कोई गुण नहीं था।

पर तब मुझे लगता था कि इन सबके बावजूद मैं जेसन बॉर्न* जैसा व्यक्ति बन सकता हूँ। यानी एक ऐसा व्यक्ति जिसका बॉडी फैट सिर्फ 1 फीसदी हो और जो किसी जानलेवा जगह पर बिना किसी मदद के सिर्फ तीन-चार टहनियों और मुट्ठीभर पत्तियों के भरोसे भी खुद को जिंदा रख सकता हो।

बस यही सोचकर मैंने अकेले तीन दिन की ट्रैकिंग पर जाने की योजना बनाई। मैं पहले से ही हाइकिंग करता आ रहा था इसलिए ऐसा नहीं था कि मुझे पता ही न हो कि मैं क्या करने जा रहा था। और इससे 10 साल पहले मैं बॉय-स्काउट का मेडल भी हासिल कर चुका था। इसलिए मैंने सोचा कि भला ये ट्रेकिंग कौन सी बड़ी चीज़ है।

---

*बॉर्न सीरीज के उपन्यासों और फिल्मों का तेज-तर्रार नायक, जो जानलेवा हालातों में भी खुद को बचाने का हुनर रखता है)

अधिक वजनदार

मेरी पीठ पर जो बैग लदा हुआ था, तराजू पर तो उसका वजन 40 पाउंड ही था, लेकिन पीठ पर टांगने के बाद वह मुझे कहीं ज़्यादा वज़नी लग रहा था। मैं जानता था कि इसमें से 90 फीसदी वजन फर्स्ट एड किट का है। दरअसल मैं इस बात को लेकर जरा नर्वस था कि कहीं रास्ते में मुझे कोई चोट न लग जाए या मेरी तबीयत खराब न हो जाए। इसलिए मैंने स्वास्थ्य से जुड़ी हर तरह की समस्याओं – जैसे साँप के काटने से लेकर बिजली गिरने तक – से निपटने के लिए ज़रूरी सामान अपने बैग में रख लिया था।

घर से तीन घंटे की ड्राइव के बाद, मैं उस सर्किट के शुरुआती बिंदु पर पहुँच गया, जहाँ से मुझे अपनी पैदल यात्रा शुरू करनी थी और उस वक्त मैं बड़ा अच्छा महसूस कर रहा था। मौसम सुहाना था और उसके बिगड़ने की कोई संभावना नज़र नहीं आ रही थी। वहाँ पार्किंग में कुछ और कारें भी खड़ी हुई थीं, जिसका मतलब था कि ट्रैकिंग के दौरान मैं पूरी तरह अकेला नहीं रहूँगा। साथ ही मैंने इसके बारे में जो जानकारी जुटाई थी, उसके चलते मुझे पता था कि ये ट्रेक ज़्यादा मुश्किल भी नहीं है। बस मुझे तीन दिनों तक अकेले चलना था।

शुरुआत में रास्ता बिलकुल साफ और काफी चौड़ा था, लेकिन जल्द ही संकरा होने लगा। और सिर्फ बीस मिनट चलने के बाद ही रास्ता पूरी तरह गायब हो गया। अब मेरे सामने घुटनों तक लंबी घास थी पर अच्छी बात ये थी कि मुझसे पहले वहाँ से गुजरे किसी ट्रैकर ने उस घास पर कुछ-कुछ दूरी के बाद गाँठें बाँध दी थीं शायद इसलिए कि लौटते समय वह रास्ता न भटके। बस घास पर लगी उन गाँठों पर नज़र रखते हुए मैं ये पता लगाता जा रहा था कि मुझे किस ओर जाना है। लेकिन फिर कुछ देर बार वे गाँठें नज़र आना भी बंद हो गईं।

सच कहूँ, तो मैं बुरी तरह भ्रमित महसूस कर रहा था। नक्शे के मुताबिक रास्ता चौड़ा और स्पष्ट होना चाहिए था, जो सीधे पहाड़ तक जाता था। निश्चित ही नक्शा गलत था। मेरा रास्ता ऊँचाई की ओर जाने के बजाय बिलकुल समतल था। सच कहूँ, तो वहाँ कोई रास्ता था ही नहीं और न ही आगे बढ़ने के लिए कोई स्पष्ट संकेत मौजूद थे, जैसा कि नक्शा बता रहा था... हम्म्म।

मैं रास्ता भटक गया था।

आगे जाऊँ या पीछे?

अब मेरे पास दो विकल्प थे। पहला ये कि मैं अपने कदम पीछे खींच लूँ और जिस रास्ते से आया था, उसी से वापस लौट जाऊँ। स्वाभाविक है कि एक मर्द होने के नाते मुझे ये विकल्प कतई स्वीकार्य नहीं था।

दूसरा विकल्प दुस्साहस भरा, निडर और दिलेरीवाला था - यानी कुछ हद तक मेरे जैसा - जिसमें मुझे सीधे चलते हुए पहाड़ की ओर जाना था। ये तय था कि अगर मैं ये विकल्प चुनता हूँ, तो जल्द ही सब कुछ पार करते हुए सही रास्ते पर पहुँच जाऊँगा।

मुझे वह चढ़ाई ठीक से याद नहीं है। बस मन में उसकी कुछ झलकियाँ बाकी हैं जैसे - झरने की काई से ढके पत्थरों पर खतरनाक ढंग से अपना संतुलन बनाना... पेट के बल रेंगते हुए कंटीली झाड़ियों के बीच से जगह बनाते हुए उन्हें पार करने की कोशिश करना... पार न कर पाने लायक घनी झाड़ी के सामने आने पर वापस पीछे की ओर रेंगना... और साथ ही अपने बैग को भी घसीटना... घबराहट और अकेलेपन का भाव बढ़ते जाना... वगैरह।

आखिरकार मैं सही रास्ते पर पहुँच गया। यह उतना ही चौड़ा और स्पष्ट था, जितना नक्शे में बताया गया था। लेकिन तब तक मेरे शरीर पर कई खरोचें और चोटें लग चुकी थीं और मैं बुरी तरह थक चुका था।

अपनी कार को पार्किंग में छोड़े मुझे सात घंटे से ऊपर का समय हो चुका था। मेरी शक्ति जवाब देने लगी थी। इसलिए मैंने टेंट लगाकर वहीं रात बिताने का निश्चय किया। ये सच है कि मैं समय से पहले ही टेंट लगा रहा था, लेकिन फिलहाल मुझे आराम करने और ठीक होने की ज़रूरत थी।

टेंट लगाने के बाद जब मैं अलाव जलाकर अपने लिए चाय बना रहा था, तभी मैंने देखा कि एक साथी ट्रैकर कार पार्किंग की दिशा से मेरी ही ओर चला आ रहा है। वह एकदम तरोताज़ा लग रहा था। मैंने उसे पुकारा। पर मैं उससे दिनभर के अपने बुरे अनुभव के बारे में बात नहीं करना चाहता था। इसलिए मैंने बातचीत का रुख ट्रेकिंग के उसके अनुभव की ओर मोड़ दिया और पूछा कि पार्किंग से यहाँ तक के रास्ते में उसे कैसा लगा।

'इसका जवाब दे पाना तो ज़रा मुश्किल है,' उसने मुझसे कहा। क्योंकि उसे यहाँ तक पहुँचने के लिए सिर्फ 15 मिनट ही चलना पड़ा था।

इस किस्से का कोचिंग की आदत से क्या लेना-देना है?

मैं एक मैनेजर के रूप में भी काम कर चुका हूँ और एक ऐसे कर्मचारी के रूप में भी, जिसका बॉस एक मैनेजर था। मैंने मैनेजरों को कोच भी किया है और मैनेजरों को कोच बनने का प्रशिक्षण भी दिया है। मेरा अनुभव कहता है कि मैनेजरों और उनके कर्मचारियों के बीच होनेवाली अधिकांश बातचीतें उन्हें बुडवांग नेशनल पार्क में मेरे ट्रैकिंग के दुर्भाग्यपूर्ण अनुभव जैसी ही लगती हैं :

* ज़रूरत से ज़्यादा बोझ होना।
* ज़रूरत से ज़्यादा निश्चितता। यह मान बैठना कि आपको गंतव्य भी पता है और वहाँ तक पहुँचने का रास्ता भी।
* बहुत जल्द रास्ते से भटक जाना।
* वापस सही रास्ते पर आने के लिए बहुत ज़्यादा मेहनत करना।

* और अंत में थककर चूर हो जाना और अपनी उम्मीद से बहुत कम रास्ता तय कर पाना।

अगर ये विवरण आपको सच जान पड़ता है, तो इससे आपको अपनी एक कोचिंग की आदत विकसित करने में काफी मदद मिलेगी। यहाँ वे सवाल दिए गए हैं, जो मुझे सबसे प्रभावी लगते हैं और मुझे विश्वास है कि अगर आप इन सात प्रमुख सवालों को अपनी प्रबंधन तकनीकों और रोज़मर्रा की बातचीत में शामिल कर लेते हैं, तो आप कम कोशिश करके भी ज़्यादा प्रभावी साबित होंगे और आपके कर्मचारी, आपका बॉस, आपका कॅरियर और आपके ऑफिस से परे आपका जीवन इसके लिए आपका आभारी होगा।

लेकिन असली गुप्त हथियार है, जिज्ञासा बनाए रखने की आदत विकसित करना। अपने व्यवहार में जो बदलाव आपके सबसे ज़्यादा काम आएगा, वह ये है : सलाह-मशवरा कम, जिज्ञासा ज़्यादा। अपने खुद के सवाल ढूँढ़े। अपना खुद का तरीका विकसित करें। और सबसे ज़्यादा महत्वपूर्ण, कोचिंग की अपनी खुद की आदत विकसित करें।

अतिरिक्त उत्कृष्टता का खजाना

''माय वन बेस्ट क्वेश्चन'' वीडियो सीरीज़

अब आप मेरे पसंदीदा सात सवालों से परिचित हो चुके हैं। लेकिन और भी कई बेहतरीन सवाल हैं, जिनके प्रणेता अन्य लोग हैं।

हम अपने 'माय वन बेस्ट क्वेश्चन' प्रोजेक्ट के तहत बिजनेस लीडरों, एग्जीक्यूटिव कोचों, प्रतिभाशाली लेखकों और प्रभावी विचारों को बढ़ावा देनेवालों से वीडियो के जरिए अपना एक सर्वश्रेष्ठ सवाल साझा करने के लिए कहते आए हैं।

इनमें बेव काये, पैम स्लिम, माइकल पोर्ट, जिम कौजेस, लेस मैककेन, लीसा, बॉडेल, वॉरेन बर्जर और टेरेसा एमाबिल जैसे बेस्ट-सेलिंग लेखक और हस्तियाँ शामिल हैं। साथ ही यूबीएस, टेलअस, टॉयज़ 'आर' अस, बीबीडीओ, एडोब, आईएचजी और टी-मोबाइल जैसे प्रतिष्ठित संगठनों के वरिष्ठ अधिकारी भी शामिल हैं।

इस वीडियो सीरीज के सारे एपिसोड देखने के लिए नीचे दिए गए लिंक पर जाएँ : http://www.boxofcrayons.biz/category/best-question/

> **अगर कोई भी सवाल मूर्खतापूर्ण नहीं होता तो फिर मूर्ख लोग किस तरह के सवाल पूछते हैं? क्या वे सिर्फ सवाल पूछने के लिए अचानक बुद्धिमान बन जाते हैं?**
>
> **- स्कॉट एडम्स**

आभार

किताब के अंत में आभार व्यक्त करना चिंतित करनेवाला काम है। आपको अचानक एहसास होता है कि किताब को पूरा करने में कितने सारे लोगों ने आपकी मदद की है और आपकी याद्दाश्त कितनी कमजोर है। मुझे पता है कि मैं यहाँ आभार व्यक्त करते हुए कुछ ऐसे लोगों का नाम ज़रूर भूल जाऊँगा, जिनका नाम मुझे नहीं भूलना चाहिए। अगर आप वह व्यक्ति हैं, तो मुझे क्षमा करें।

इस किताब को लिखने में मुझे चार साल से ज़्यादा का समय लगा। इस दौरान मैंने इसके तीन ऐसे ड्राफ्ट लिखे, जो बहुत अच्छे नहीं थे। इसलिए इस किताब को उपयोगी और भव्य बनाने के पीछे बहुत से लोगों का प्रोत्साहन, उत्साह और प्रतिभा लगी हुई है।

इस किताब के तीनों बुरे ड्राफ्ट पर अपनी प्रतिक्रिया देकर मेरा सहयोग करनेवालों में शामिल हैं, जिल मर्फी, केट लेई, जेन लाउडेन, पैम स्लिम, माइकल लेकी, कैरेन राइट, एरिक क्लेन, मॉली गॉर्डन, मार्क सिल्वर, वेनिटा इंडेवी और गस स्टेनियर। इन सभी ने न सिर्फ मुझे आगे बढ़ने के लिए प्रोत्साहित किया बल्कि औसत दर्जे का काम करने से भी बचाया। वर्कमैन के सूजेन बोलोटिन और ब्रूस ट्रेसी ने किताब के पिछले तीनों ड्राफ्ट को ना कह दिया, जो मेरे लिए बहुत अच्छा साबित हुआ। वहीं लिंडसे मिलर और एलिज़ाबेथ वुडवर्थ ने अपने गहन और व्यावहारिक शोध के जरिए मेरे काम को एक मज़बूत आधार प्रदान करने में मदद की।

इस किताब को यह रूप देने के लिए मुझे एक शानदार संपादकीय और डिजाइन टीम मिली थी। ओलिवर एडिटोरियल सर्विसेज की कैथरीन

ओलिवर ने मुझे कई बार विषय से भटकने से बचाया। इसके अलावा भी उन्होंने मेरी बहुत मदद की। उन्होंने तीन बार संपादन करके पांडुलिपि को यह रूप दिया और बड़ी व महत्वपूर्ण चीज़ों से लेकर छोटी-छोटी बारीकियों पर भी काम किया (इसके लिए सेथ का भी धन्यवाद।) इसी तरह प्रूफरीडिंग के लिए ये किताब जूडी फिलिप की पैनी नज़रों से गुज़री। पेज टू के मेरे पब्लिशिंग कंसल्टेंट जेसी फिंकलस्टीन और मेगन जोन्स ने माहिर पेशेवरों की तरह सेल्फ-पब्लिशिंग की दुनिया में आगे बढ़ने में हमारी सहायता की। वहीं पीटर कॉकिंग ने किताब को डिजाइन कर इसे भव्यता और एक उम्दा शैली प्रदान की। इसीलिए मैं इस किताब को इसकी सामग्री के साथ-साथ इसकी डिजाइन के लिए भी पसंद करता हूँ। किताब का उपशीर्षक मेरे करीबी साथी मार्क बॉडेन ने दिया, जो सचमुच बिलकुल उपयुक्त साबित हुआ।

बॉक्स ऑफ क्रेयॉन्स में हम खुद को इस बात के लिए भाग्यशाली महसूस करते हैं कि हमारे पास एक ऐसी शानदार टीम है, जो दुनिया में अपना स्थान बनाने में हमारी मदद करती है। इसके लिए शार्लोट रिले, डेनिस एडने, एना गार्जा-रॉबिलार्ड, पीटर हैच, सोनिया गबाला, सिल्वाना ला सेल्व, अर्नेस्ट ओरिएंड, रोना बिनेरबम, वॉरेन मैक्केन और फ्रैंक मेर्रान को मेरा धन्यवाद। इसके अलावा पॉपलोगिक के रॉबर्ड काब्वे को भी मेरी ओर विशेष धन्यवाद, जिन्होंने इस किताब को डिजाइन करने में मदद की। साथ ही स्टैन मैक्गी को भी धन्यवाद, जिन्होंने किताब के विमोचन कार्यक्रम की मार्केटिंग योजना तैयार करने और उसके संचालन में हमारी मदद की।

बॉक्स ऑफ क्रेयॉन्स व्यस्त मैनेजरों को दस मिनट में कोचिंग देने का गुर सिखाने में माहिर है। और हमारे कार्यक्रमों की बागडोर कुशल प्रशिक्षकों के हाथों में होती है। इसके लिए हमारी वर्तमान फैकल्टी के सदस्य ली बेलेयर, हेलेन बेलेरोज़, जेमी ब्रॉटन, टीना डायस, जॉनथन

हिल, लेनी लुईस और सूजेन लिन को मेरा धन्यवाद। इन सबके बारे में और जानकारी प्राप्त करने के लिए आप BoxOfCrayons.biz पर जा सकते हैं।

एक बार किसी ने कहा था कि हर सफल व्यक्ति के पीछे एक आश्चर्यचकित महिला होती है। मेरे मामले में ये महिलाएँ हैं, एवरीथिंग एल्स की वाइस प्रेसिडेंट मार्सेला बंगे स्टेनियर और आईसीयू (इंटरनल केयॉन्स यूनिट) की प्रमुख मैर्लीन एल्डेमायर। आप दोनों के समर्थन, प्रेम और प्रोत्साहन के लिए आपको मेरा धन्यवाद।

लेखक परिचय

'मेरा नाम माइकल है। मैं एक पैर पर कूद लगा सकता हूँ। क्या आप मुझे एक पैर पर कूदते देखना चाहेंगे?' जब माइकल सिर्फ तीन साल के थे, तो सुपरमार्केट में अजनबियों को अपना ये परिचय देकर हैरान कर देते थे। उसी परिचय का थोड़ा परिष्कृत रूप ये रहा :

आप BoxOfCrayons.biz पर जाकर माइकल की अधिकारिक उपलब्धियों के बारे में जानकारी प्राप्त कर सकते हैं। अगर आप जीवन के मजेदार किस्सों में रुचि रखते हैं, तो सुनिए: जब माइकल मज़दूर के तौर पर काम करते थे, तो एक बार गलती से सिर पर फावड़ा मार लेने के चलते बेहोश हो गए थे। उन्हें अपने जीवन का पहला चेक एक लेखक के रूप में एक प्रेम कहानी लिखने के लिए मिला था, जिसका शीर्षक था 'द मेल डिलीवरी'। लॉ स्कूल में पढ़ाई के दौरान सिंक्रोनाइज़्ड न्यूड मेल मॉडलिंग नामक एक लघु-नाटक में काम करके रंगमंच के क्षेत्र में भी अपने जौहर दिखा चुके हैं। रोड्स स्कॉलर बनने और ऑक्सफोर्ड जाने में उनकी असली असफलता थी, एक ऐसी कनाडाई लड़की से मिलना और उससे शादी करना, जो उन्हें गंभीरता से नहीं ले रही थी।

लिंक्डइन माइकल से सीधे जुड़ने का सबसे अच्छा ज़रिया है। वहाँ वे इकलौते ऐसे व्यक्ति हैं, जिसका उपनाम बंगे स्टेनियर है इसलिए उन्हें वहाँ ढूँढ़ना काफी आसान है।

अपने संगठन में 'कोचिंग की आदत' लाएँ

सन 2008 से अब तक बॉक्स ऑफ क्रेयॉन्स ने 10 हजार से भी ज़्यादा व्यस्त मैनेजरों को दिन-प्रतिदिन की कोचिंग के लिए व्यावहारिक साधन उपलब्ध कराए हैं। क्या हो, अगर आपके मैनेजर और लीडर भी दस मिनट या उससे भी कम समय में कोचिंग दे सकें?

एक बुनियादी कौशल

कोचिंग आपकी एकाग्रता और क्षमता को बढ़ा सकती है, दबाव व निर्भरता को घटा सकती है और परस्पर जुड़ाव व प्रभाव को सक्रिय कर सकती है। लेकिन अच्छे इरादों के बावजूद आजकल के व्यस्त मैनेजर खुद को मैनेजमेंट की एक पुरानी और घिसी-पिटी सोच से उलझा हुआ पाते हैं: 'कर्मचारियों से पूछने के बजाय उनसे कहना; उन्हें अपनी समस्याएँ खुद हल करने में मदद करने के बजाय उनकी समस्याएँ सुलझाने में जुट जाना।'

दरअसल सिर्फ 'और अधिक कोचिंग देने' के सिद्धांतों, मॉडलों और संबोधनों भर से बात नहीं बनेगी। हमें मैनेजरों और लीडरों की उनका व्यवहार बदलने में मदद भी करनी होगी। ताकि कोचिंग उनकी मैनेजमेंट तकनीकों का एक नियमित और उपयोगी भाग बन जाए।

अपने मैनेजरों को 'कोचिंग की आदत' दें

'कोचिंग की आदत' एक अभिनव और पुरस्कार-विजेता कार्यक्रम है, जो व्यवहार में तीन प्रकार से बदलाव लाता है।

पहला, इसमें हिस्सा लेनेवालों को ये समझ में आता है कि वे हर

मामले में तत्काल क्यों कूद पड़ते हैं और फिर सलाह देने लगते हैं या समस्या को हल करने में उलझ जाते हैं। उन्हें ये भी समझ में आ जाता है कि उनके इस व्यवहार के चलते सभी को क्या कीमत चुकानी पड़ती है। इस नई समझ को प्राप्त करने के बाद सलाह देने के पीछे सक्रिय ट्रिगर को कमजोर करना आसान हो जाता है ताकि अवसर आने पर मैनेजर कोचिंग के अपने कौशल का उचित उपयोग कर सकें।

दूसरा, मैनेजरों को हर अगले दिन के लिए तैयार करने के लिए हम कोचिंग के ऐसे चुनिंदा तरीके भी साझा करते हैं, जो उनकी एकाग्रता, आपसी जुड़ाव और प्रभाव बढ़ा देते हैं। साथ ही हम ये भी बताते हैं कि इन नई अंतर्दृष्टियों को नई आदतों में कैसे तब्दील किया जा सकता है।

और अंत में, हम इस कार्यक्रम में एक नई 108 दिवसीय फॉलो-अप प्रॉसेस का भी उपयोग करते हैं ताकि नए साधनों, कौशलों और व्यवहारों को एकीकृत कर लोगों के 'मन में बिठाया जा सके।'

'मैं इस सामग्री को व्यावहारिक स्तर पर लागू होते हुए देख रहा हूँ, जबकि आमतौर पर आपको ये सब पेशेवर माहौल में देखने का मौका नहीं मिलता। इसके साथ ही आत्म-जागरूकता का स्तर भी बढ़ा हुआ है ताकि वे अपनी नेतृत्व क्षमता को बढ़ाकर और बेहतर हो सकें।'

– टॉड गिलक्रिस्ट,

एसवीपी, एचआर, कैपिटल पावर

स्थाई सीख

'कोचिंग की आदत' अत्यधिक संवादपूर्ण, व्यावहारिक और मजेदार है। ये नवीनतम मनोवैज्ञानिक अंतर्दृष्टियों और तंत्रिका विज्ञान पर आधारित है। आप जो भी सीखते हैं, ये उसे स्थाई बनाने में सहायक है।

टीडी बैंक, यूएसबी, एलिसडॉन, फिडेलिटी इन्वेस्टमेंट्स, एस्ट्राजेनेका, लो'ज और नोकिया जैसे संगठनों ने 'कोचिंग की आदत' को अपने संगठनात्मक विकास का एक महत्वपूर्ण हिस्सा बनाया है।

'मेरी अपेक्षा रहती है कि परिणाम तत्काल मिलें... और इस कार्यक्रम से मुझे सचमुच तत्काल परिणाम मिले। अब मैं जानती हूँ कि इसके जरिए सीखी हुई चीज़ें कैसे कारगर व स्थाई होती है।'

– मैरी क्रीया,

डायरेक्टर ऑफ टैलेंट, हॉरिजॉन ब्लू क्रॉस ब्लू शील्ड

अधिक जानकारी के लिए आप BoxOfCrayons.biz पर जा सकते हैं या फिर inquiry@BoxOfCrayons. पर हमसे सीधे संपर्क कर सकते हैं।

महाआसमानी परम ज्ञान
शिविर परिचय और लाभ (निवासी)
Self Delelopment to Self Realization
Towords Self Stabilizaion

तेजज्ञान फाउण्डेशन आत्मविकास से आत्मसाक्षात्कार प्राप्त करने का एक रास्ता है। इसके लिए सरश्री द्वारा एक अनूठी बोध पद्धति (System for Wisdom) का सृजन हुआ है। इस पद्धति को अन्तर्राष्ट्रीय मानक ISO 9001:2015 के आवश्यकताओं एवं निर्देशों के अनुरूप ढालकर सरल, व्यावहारिक एवं प्रभावी बनाया गया है। इस संस्था की बोध पद्धति के विभिन्न पहलुओं (शिक्षण, निरीक्षण व गुणवत्ता) को स्वतंत्र गुणवत्ता परीक्षकों (Quality Auditors) द्वारा क्रमबद्ध तरीके से जाँचा गया। जिसके बाद इन पहलुओं को ISO 9001:2015 के अनुरूप पाकर, इस बोध पद्धति को प्रमाणित किया गया है।

फाउण्डेशन का लक्ष्य आपको नकारात्मक विचार से सकारात्मक विचार की ओर बढ़ाना है। सकारात्मक विचार से शुभ विचार यानी हॅपी थॉट्स (विधायक आनंदपूर्ण विचार) और शुभ विचार से निर्विचार की ओर बढ़ा जा सकता है। निर्विचार से ही आत्मसाक्षात्कार संभव है। शुभ विचार (Happy Thoughts) यानी यह विचार कि 'मैं हर विचार से मुक्त हो जाऊँ।' शुभ इच्छा यानी यह इच्छा कि 'मैं हर इच्छा से मुक्त हो जाऊँ।'

सभी समस्याओं का समाधान है तेजज्ञान। भय से मुक्ति, चिंतारहित व क्रोध से आज़ाद जीवन है तेजज्ञान। शारीरिक, मानसिक, सामाजिक, आर्थिक और आध्यात्मिक उन्नति के लिए है तेजज्ञान। तेजज्ञान आपके अंदर है, आएँ और इसे पाएँ। यदि आप ऐसा ज्ञान चाहते हैं, जो सामान्य ज्ञान के परे हो, जो हर समस्या का समाधान हो, जो सभी मान्यताओं से आपको मुक्त करे, जो आपको ईश्वर का साक्षात्कार कराए, जो आपको सत्य पर स्थापित करे तो समय आ गया है तेजज्ञान को जानने का। समय आ गया है शब्दोंवाले सामान्य ज्ञान से उठकर तेजज्ञान का अनुभव करने का।

अब तक अध्यात्म के अनेक मार्ग बताए गए हैं। जैसे जप, तप, मंत्र, तंत्र, कर्म, भाग्य, ध्यान, ज्ञान, योग और भक्ति आदि। इन मार्गों के अंत में जो समझ, जो बोध प्राप्त होता है, वह एक ही है। सत्य के हर खोजी को अंत में एक ही

समझ मिलती है और इस समझ को सुनकर भी प्राप्त किया जा सकता है। उसी समझ को सुनना यानी तेजज्ञान प्राप्त करना है। तेजज्ञान के श्रवण से सत्य का साक्षात्कार होता है, ईश्वर का अनुभव होता है। यही तेजज्ञान सरश्री महाआसमानी शिविर में प्रदान करते हैं।

सरश्री की आध्यात्मिक खोज का सफर उनके बचपन से प्रारंभ हो गया था। इस खोज के दौरान उन्होंने अनेक प्रकार की पुस्तकों का अध्ययन किया। इसके साथ ही अपने आध्यात्मिक अनुसंधान के दौरान अनेक ध्यान पद्धतियों का अभ्यास किया। उनकी इसी खोज ने उन्हें कई वैचारिक और शैक्षणिक संस्थानों की ओर बढ़ाया। इसके बावजूद भी वे अंतिम सत्य से दूर रहे। उन्होंने अपने तत्कालीन अध्यापन कार्य को भी विराम लगाया ताकि वे अपना अधिक से अधिक समय सत्य की खोज में लगा सकें। जीवन का रहस्य समझने के लिए उन्होंने एक लंबी अवधि तक मनन करते हुए अपनी खोज जारी रखी। जिसके अंत में उन्हें आत्मबोध प्राप्त हुआ। आत्मसाक्षात्कार के बाद उन्होंने जाना कि अध्यात्म का हर मार्ग जिस कड़ी से जुड़ा है वह है- समझ (अंडरस्टैण्डिंग)।

सरश्री कहते हैं कि 'सत्य के सभी मार्गों की शुरुआत अलग-अलग प्रकार से होती है लेकिन सभी के अंत में एक ही समझ प्राप्त होती है। 'समझ' ही सब कुछ है और यह 'समझ' अपने आपमें पूर्ण है। आध्यात्मिक ज्ञान प्राप्ति के लिए इस 'समझ' का श्रवण ही पर्याप्त है।' सरश्री ने तीन हज़ार से अधिक प्रवचन दिए हैं और डेढ़ सौ से अधिक पुस्तकों की रचना की हैं। ये पुस्तकें दस से अधिक भाषाओं में अनुवादित की जा चुकी हैं और प्रमुख प्रकाशकों द्वारा प्रकाशित की गई हैं, जैसे पेंगुइन बुक्स, हे हाऊस पब्लिशर्स, जैको बुक्स, हिंद पॉकेट बुक्स, मंजुल पब्लिशिंग हाऊस, प्रभात प्रकाशन, राजपाल ॲण्ड सन्स इत्यादि। सरश्री की शिक्षाओं से लाखों लोगों के जीवन में रूपांतरण हुआ है। इसके साथ संपूर्ण विश्व की चेतना बढ़ाने के लिए कई सामाजिक कार्यों की शुरुआत भी की गई है।

सरश्री आज के युग के आध्यात्मिक गुरु और 'तेजज्ञान फाउण्डेशन' के संस्थापक हैं, जो अत्यंत सरलता से आज की लोकभाषा में आध्यात्मिक समझ प्रदान करते हैं। हर साल तेजज्ञान फाउण्डेशन द्वारा 'महाआसमानी शिविर' आयोजित किया जाता है। यह शिविर पूर्णतः सरश्री की शिक्षाओं पर आधारित है।

क्या आपको उच्चतम आनंद पाने की इच्छा है? ऐसा आनंद, जो किसी कारण पर निर्भर नहीं है, जिसमें समय के साथ केवल बढ़ोतरी ही होती है। क्या आप इसी जीवन में प्रेम, विश्वास, शांति, समृद्धि और परमसंतुष्टि पाना चाहते हैं?

क्या आप शारीरिक, मानसिक, सामाजिक, आर्थिक और आध्यात्मिक इन सभी स्तरों पर सफलता हासिल करना चाहते हैं? क्या आप 'मैं कौन हूँ' इस सवाल का जवाब अनुभव से जानना चाहते हैं?

यदि आपके अंदर इन सवालों के जवाब जानने की और 'अंतिम सत्य' प्राप्त करने की प्यास जगी है तो तेजज्ञान फाउण्डेशन द्वारा आयोजित 'महाआसमानी परम ज्ञान शिविर' में आपका स्वागत है। यह शिविर पूर्णतः सरश्री की शिक्षाओं पर आधारित है। सरश्री आज के युग के आध्यात्मिक गुरु और 'तेजज्ञान फाउण्डेशन' के संस्थापक हैं, जो अत्यंत सरलता से आज की लोकभाषा में आध्यात्मिक समझ प्रदान करते हैं।

महाआसमानी परम ज्ञान शिविर का उद्‌देश्य :

इस शिविर का उद्‌देश्य है, 'विश्व का हर इंसान 'मैं कौन हूँ' इस सवाल का जवाब जानकर सर्वोच्च आनंद में स्थापित हो जाए।' उसे ऐसा ज्ञान मिले, जिससे वह हर पल वर्तमान में जीने की कला प्राप्त करे। भूतकाल का बोझ और भविष्य की चिंता इन दोनों से मुक्त हो जाए। हर इंसान के जीवन में स्थायी खुशी, सही समझ और समस्याओं को विलीन करने की कला आ जाए। मनुष्य जीवन का उद्‌देश्य पूर्ण हो। 'मैं कौन हूँ? मैं यहाँ क्यों हूँ? मोक्ष का अर्थ क्या है? क्या इसी जन्म में मोक्ष प्राप्ति संभव है?' यदि ये सवाल आपके अंदर हैं तो महाआसमानी परम ज्ञान शिविर इसका जवाब है।

वॉव पब्लिशिंग द्वारा प्रकाशित प्रमुख पुस्तकों में से ये तीन पुस्तकें हैं -

❊ विचार नियम - आपकी कामयाबी का रहस्य

'विचार नियम' पुस्तक के ज़रिए ❊ अपने आंतरिक और बाहरी जीवन में तालमेल बिठाएँ। ❊ अपनी इच्छानुसार शांत और स्थिर महसूस करें। ❊ विचारों के पार जाकर अपने 'असली अस्तित्व' को पहचानें, जो आपकी मूल अवस्था है। ❊ विचार नियमों को अपने जीवन में उतारें ताकि आप अपनी उच्चतम संभावना की ओर सहजता से आगे बढ़ पाएँ। ❊ मौनायाम की अवस्था में रहकर प्रेम, आनंद, करुणा, भरपूरता व रचनात्मकता जैसे गुणों को अपने अंदर से प्रकट होने का मौका दें। आइए, साठ लाख से भी अधिक पाठकों के समूह में शामिल हो जाएँ, जिन्होंने विचारों के 7 शक्तिशाली नियमों तथा मत्रों द्वारा आंतरिक शांति और सफलता हासिल की है।

❊ विकास नियम

विकास नियम हमारे चारों ओर काम कर रहा है। फिर चाहे वह शरीर का विकास हो, बुद्धि का विकास हो, शहर या देश का विकास हो। यह नियम तो एक बुनियादी नियम है; यह पूर्णता की चाहत है। आइए, इस पुस्तक द्वारा विकास नियम को अपना आदर्श बना दें और विकास की नई ऊँचाइयों को छू लें। विकास नियम हर इंसान और वस्तु में छिपी संभावनाओं को प्रकट करने का नियम है। यह आपकी संपूर्ण संतुष्टि की चाहत को पूरा करता है।

❊ विश्वास नियम

आपका मोबाइल तो अप टू डेट है परंतु क्या आपका विश्वास अप टू डेट है? क्या आपका आज का विश्वास आपको अंतिम सफलता की राह पर बढ़ा रहा है? यदि उपरोक्त सवालों के जवाब 'नहीं' हैं तो आपको विश्वास नियम की आवश्यकता है। विश्वास नियम आपके विश्वास को बढ़ाकर उसे अप टू डेट करता है। 'विश्वास' ईश्वर द्वारा दी हुई वह देन है, जो हमारे स्वास्थ्य, रिश्ते, मनशांति, आर्थिक समृद्धि एवं आध्यात्मिक उन्नति में चार चाँद लगाता है। आइए, इस शक्ति का चमत्कार अपने जीवन में देखें और 'सब संभव है' इस पंक्ति का प्रत्यक्ष अनुभव लें।

तेजज्ञान फाउण्डेशन – मुख्य शाखाएँ

पुणे (रजिस्टर्ड ऑफिस) - विक्रांत कॉम्प्लेक्स, तपोवन मंदिर के नज़दीक, पिंपरी, पुणे-४११ ०१७. फोन : 020-27411240, 27412576

मनन आश्रम - सर्वे नं. ४३, सनस नगर, नांदोशी गाँव, किरकटवाडी फाटा, तहसील- हवेली, जिला- पुणे-४११ ०२४. फोन : 09921008060

---

e-books English	-	•The Source •Celebrating Relationships •Everything is a Game of Beliefs •The Miracle Mind •Who am I now •Beyond Life •The Power of Present •Freedom from Fear Worry Anger •Light of grace •The Source of Health and many more.
Hindi		•Vichar Niyam •Vishwas Niyam •Vikas Niyam •Dhyan Niyam •Rishton me Nayee Roshani •Kshama ka Jadoo •Mrityu Uparant Jeevan •Swayam ka Samna •Samay Niyojan ke Niyam • Prarthana Beej • Mann ka Vigyan • Neev 90 • Sampurn Prashikshan and many more. Other E books available at www. gethappythoughts. org
Free apps	-	U R Meditation & Tejgyan Internet Radio on all platforms like Android, iPhone, iPad and Amazon
e-magazines	-	'Yogya Aarogya' & 'Drushtilakshya' emagazines available on www.magzter.com
e-mail	-	mail@tejgyan.com

---

* नम्र निवेदन *

विश्व शांति के लिए लाखों लोग प्रतिदिन सुबह और रात ९ बजकर ९ मिनटपर प्रार्थना करते हैं। कृपया आप भी इसमें शामिल हो जाएँ।

पुस्तकें प्राप्त करने के लिए नीचे दिए गए पते पर मनीऑर्डर द्वारा पुस्तक का मूल्य भेज सकते हैं। पुस्तकें रजिस्टर्ड, कुरियर अथवा वी.पी.पी. द्वारा भेजी जाती हैं। पुस्तकों के लिए नीचे दिए गए पते पर संपर्क करें।

WOW Publishings Pvt. Ltd.

* रजिस्टर्ड ऑफिस - S. No. 1A, ईरानी मार्केट, बिल्डिंग नं. डी-38 येरवडा, पुणे - 411006

* पोस्ट बॉक्स नं. 36, पिंपरी कॉलोनी पोस्ट ऑफिस, पिंपरी, पुणे - 411017 फोन नं.: 09011013210 / 9146285129

आप ऑन-लाइन शॉपिंग द्वारा भी पुस्तकों का ऑर्डर दे सकते हैं।

लॉग इन करें - www.gethappythoughts.org

500 रुपयों से अधिक पुस्तकें मँगवाने पर 10% की छूट और फ्री शिपिंग।

www.ingramcontent.com/pod-product-compliance
Lightning Source LLC
LaVergne TN
LVHW040438051026
849517LV00002B/662
* 9 7 8 9 3 9 0 6 0 7 4 8 8 *